图1 四川地形复杂多变,李白诗云:"蜀道之难,难于上青天。"2020年12月31日,成宜高速建成通车,全长157公里,受益人口约2800万,成为连接成都平原经济区与川南经济区的最短路线。通过云计算、人工智能等技术手段,这条"智慧高速公路"将交通事故率降低20%以上,路段通行效率提升30%以上,交通事故处置协同效率提升5倍,成为建设交通强国数字"新基建"的样板。大道既成,蜀道不再难

图2 全程157公里的成宜高速,每隔800米就有一根智慧杆,装有毫米波雷达、高清摄像头、气象传感器,可实现在浓雾大雨等极端天气下精准感知路况与车辆信息

图3 通过智慧杆的数据采集,能在一秒内将现实中的高速还原至数字世界,让管理运营人员仿佛拥有了"上帝视角"

图4 车内的数字孪生屏,以毫秒级的速度将路况画面传递给驾乘人员,为其提供伴随式信息服务,从而提升路网的运行效率和安全指数。通过这一系列技术,成宜高速正在实现"泛在车路协同"理念,让聪明的车、智慧的路携手,共同驱动智慧交通的建设和发展

图 5　蜀道集团成宜高速总经理杨大伟陪同吴晓波参访成宜高速的数据大脑,感慨其 20 多年工作经历中见证的公路进化能力。而在"车路协同、智慧高速"的推进过程中,我们看到的是 AI 能力、感知能力、数据智能等众多能力的汇聚和融合,以及越来越清晰的交通强国图景。在这条路上,你,我,都是见证人

图 6　享道出行智能屏在上海已经覆盖了 100 多个社区、医院,老年人只要在屏幕上输入手机号和目的地,就可以做到在小区门口上车。适老化出行,体现出城市交通在数字化转型中的温度与包容

图 7　北京石景山首钢园,始建于 1919 年,是中国第一座国有钢铁厂。如今,首钢园内的滑雪大跳台"雪飞天"成为众多运动健儿凌空而起的梦想舞台。沉睡的钢铁"巨兽"下,是历史的厚重和体育竞技的活力,冷峻与激情在这里同时上演

图 8　距离北京冬奥会开幕式还有 10 天,吴晓波探访位于首钢园内的冬奥总指挥中心,与北京冬奥组委技术部信息处处长谷岩对谈

图 9

图 10
2022年北京冬奥会通过转播云将赛事传递至全球数十亿观众，17天内，创下了冬奥史上的收视率新高，媒体工作者可以在云端接收和处理内容。比起上一届平昌冬奥会，北京冬奥会现场的转播人员减少了32%，转播中心面积缩小了20%，实现了赛事现场播报业务的轻量化

图 11　张北冬奥云数据中心

图 12　张北冬奥云数据中心的液冷技术

云上冬奥的背后，是云数据中心所提供的算力支持。位于张北的冬奥云数据中心，利用当地的风能、太阳能资源为自身供电，同时以先进的风冷和液冷技术，降低机房运作所产生的能耗，平均能源使用效率小于1.2，已达国内全行业最高水平。云数据中心的建立，将能耗降低了70%，相当于每年多植树400万棵。一届绿色的云上奥运，正立足于此

图13 中国已是全球老年人数最多的国家,2035年前后,老年人口将突破4.2亿,中国将进入重度老龄化阶段。在人口密集的城市社区,"往来皆长者"是常见的境况,而65.5%的老年人选择独立居住,养老问题迎来挑战

图14 葛巷社区食堂对老年人免费开放,养老助餐的智慧屏可以实时生成每日就餐人次、人群分布、社区分布等数据信息,后台账务自动结算、计算补贴,实现了老年人全区域智慧就餐,甚至可以通过缺席数据察觉到独居老人的异常情况

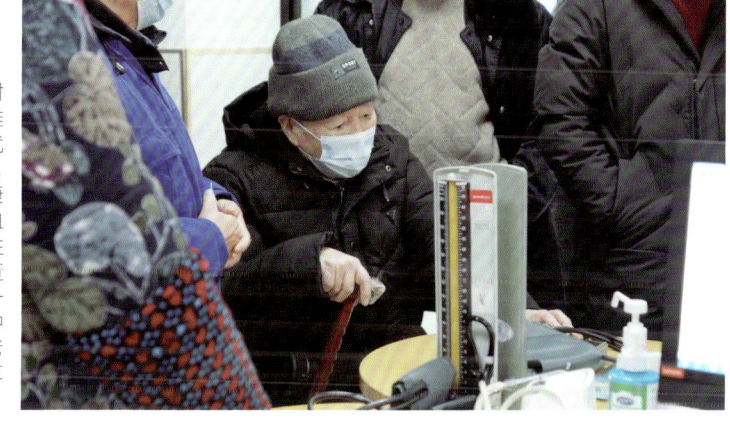

图15 葛巷社区针对"老年人看病难"问题推出的智慧健康站,每日就诊人数可达60~80人,同时打通省市区健康数据,可对社区内高血压、糖尿病等老年慢性病健康数据进行一键查询,实现数字家医"一联到家",带来15分钟居家养老服务圈,让老人"宅"在社区也能享受高质量的医疗服务

图16 吴晓波体验葛巷社区的智慧云诊室。智慧医疗不仅惠及老年人,也在关照年轻人。葛巷社区的智慧云诊室实现从问诊到取药全程在线诊疗,为忙碌的年轻打工族带来便捷高效的服务

图17 杭州市临浦镇最南端的横一村,通过"临云智"系统构建起完整的数字治理体系,覆盖"你钉我办"、巡逻日报、临里公益、如意榜单等一系列场景。据统计,横一村村民通过"你钉我办"每月上报事件约80件,受理办结率达99.8%,事件平均处置时间为2小时,90%的事件会在12小时内办结,实现了快速响应、快速治理

图18 乡村人居环境的升级,为创新创业营造了新的环境。在横一村,原本的简易砖房、废弃农舍蜕变成了鸭棚咖啡馆、如意山房等多个网红打卡点,还有全杭州第一家山林间的星巴克。当地的文旅产业正焕发勃勃生机,吸引了不少人返乡创业,甚至出现了"逆空心化"的现象

(图7由作者提供,其余图片来自纪录片《云上的中国(第二季)》)

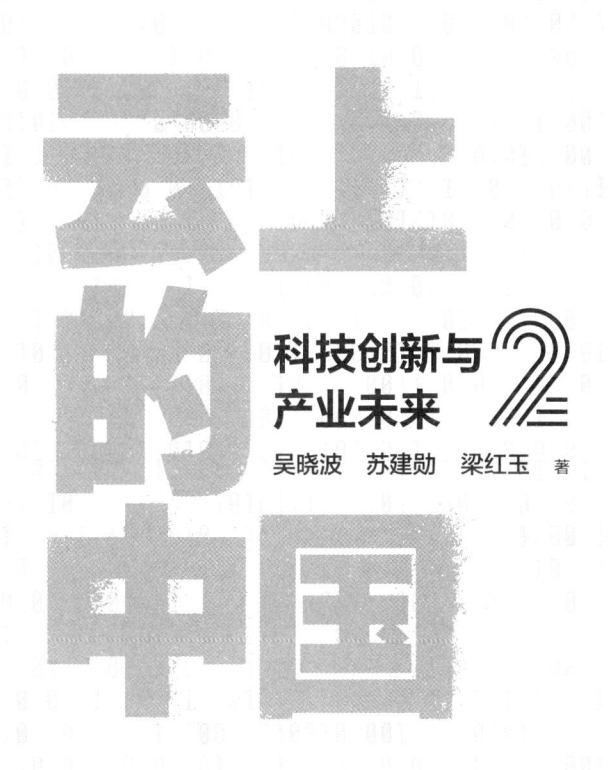

# 云上的中国 2

## 科技创新与产业未来

吴晓波 苏建勋 梁红玉 著

中信出版集团 | 北京

图书在版编目（CIP）数据

云上的中国 . 2, 科技创新与产业未来 / 吴晓波, 苏建勋, 梁红玉著 . -- 北京：中信出版社, 2022.6
ISBN 978-7-5217-4354-8

Ⅰ.①云… Ⅱ.①吴… ②苏… ③梁… Ⅲ.①互联网络－产业发展－研究－中国 Ⅳ.① F492

中国版本图书馆 CIP 数据核字 (2022) 第 072257 号

云上的中国 2——科技创新与产业未来
著者： 吴晓波 苏建勋 梁红玉
出版发行：中信出版集团股份有限公司
（北京市朝阳区惠新东街甲 4 号富盛大厦 2 座 邮编 100029）
承印者： 宝蕾元仁浩（天津）印刷有限公司

开本：787mm×1092mm 1/16　　插页：4　　印张：15.25　　字数：223 千字
版次：2022 年 6 月第 1 版　　印次：2022 年 6 月第 1 次印刷
书号：ISBN 978-7-5217-4354-8
定价：78.00 元

版权所有·侵权必究
如有印刷、装订问题，本公司负责调换。
服务热线：400-600-8099
投稿邮箱：author@citicpub.com

# 目录 | CONTENTS

## 01 集体行动：共担家国使命    001

### 第一章 绿色新风，数智化升级扶摇直上    003
来自数据中心的实践：算力增长和能耗降低如何兼得    009
智慧能源平台：一朵能量满满的"云"    017
绿色环境："焚"废为宝，用 AI 发电    028

### 第二章 数字城乡，智慧治理多彩生活    039
智慧果园：从"看天吃饭"到"手机种地"    045
数字乡村：探索乡村治理新路径    052
从源头到龙头：上海城投水务的"云水交融"实践    062
未来社区样本：葛巷社区"无人治理"新探索    069

### 第三章 科技强国，世界从北京冬奥看中国    077
云上冬奥：数字技术革新百年奥运    083
智慧西城：世界在改变，北京在进化    091

# 02 数智赋能：企业如何扩大竞争优势　　097

## 第四章　数字"智造"，制造业的转型与重塑　　099
机械工业九院：打造一座数据驱动的未来工厂　　104
"黑灯工厂"：开启数字化制造新篇章　　112
"线上中化"进行时，化工巨头重塑竞争力　　120

## 第五章　AI 时代的零售数字化变革　　129
走近消费者，看一台"豆浆机"的数字化转型故事　　134
用数据驱动业务，海底捞打造餐饮行业"样板间"　　141

## 第六章　"点数成金"，开启数字金融新时代　　149
汇付天下：系统在云原生上生根发芽，数字支付落地开花　　156

# 03 智见生活：以人为本，成就当下美好　　165

## 第七章　为科研和教育插上数字的翅膀　　167
浙江大学：抗击新冠，修缮莫高窟，用技术赋能高校科研　　172
胜利小学：把数字化的"万吨巨轮"开到"小渔村"　　180

**第八章　病有所医，后疫情时代的健康医疗服务**　　191

智慧医院：医生变成"程序员"　　196

你的医生已上线：打通基层医疗最后一公里　　205

**第九章　行有所托，数字化赋予出行新体验**　　217

享道出行：一场"上云"的胜仗，一针创新的加速剂　　222

成宜高速：有智慧、能协同的"云"上之路　　230

# 01

## 集体行动：共担家国使命

第一章

**绿色新风,数智化升级扶摇直上**

现在看 2004 年上映的电影《后天》，我们也许不会把它当成一部纯粹虚构的科幻片。影片通过特效展现了全球变暖引发的一系列灾难：冰川融化、龙卷风、地震、海啸、洪水……如今看来，影片关于气候的忧虑并非杞人忧天，因为其中许多虚拟的极端天气场景，正在更加频繁地出现在现实世界中。

天地万物和谐共存，取决于气候系统的微妙平衡。自工业化以来，二氧化碳等温室气体的排放量不断增加，犹如给地球裹上了一层厚厚的被子，使保温作用增强，从而导致全球气候变暖，地球生态环境面临严峻挑战。

## 中国向世界的承诺

或许多年以后，回看中国在 2020 年前后发生的对世界和后世都产生了巨大影响的事件，是双碳目标的提出。

2020 年 9 月 22 日，国家主席习近平在第七十五届联合国大会上宣布："中国将……采取更加有力的政策和措施，二氧化碳排放力争于 2030 年前达到峰值，努力争取 2060 年前实现碳中和。"[①]

事实上，随着经济的快速发展，中国早已在 2006 年超过美国成为全球第一大碳排放国，在全球二氧化碳及温室气体排放中的占比分别约为 30% 和 26%。[②]

定下双碳目标，体现了中国主动承担应对气候变化国际责任的担当和决心，这事关构建人类命运共同体和人与自然生命共同体，是对子孙

---

① 新华社，《习近平在第七十五届联合国大会一般性辩论上发表重要讲话》，中国政府网，2020 年 9 月 22 日。
② 参见高盛：《碳经济学——中国走向净零碳排放之路：清洁能源技术革新》。

后代的庄严承诺。

但是，这一目标对于正处于工业化进程的中国来说，是个巨大的挑战和考验。我们承诺实现从碳达峰到碳中和的时间，远远短于发达国家所用时间。仅仅是实现碳达峰，一些发达国家就用了 50 年以上的时间，而中国从做出承诺到实现碳达峰只有 10 年时间，距实现碳中和也只有 40 年。

在接下来的 40 年，中国要兼顾脱碳和经济增长两个目标，面临生活生产方式、发展理念和发展方式的系统性变革。

## 排放大户的减碳路径

将中国的碳排放量细化到具体行业，会发现电力（45%）、工业（29%）这两大高排放领域占据了总排放量 70% 以上的份额。

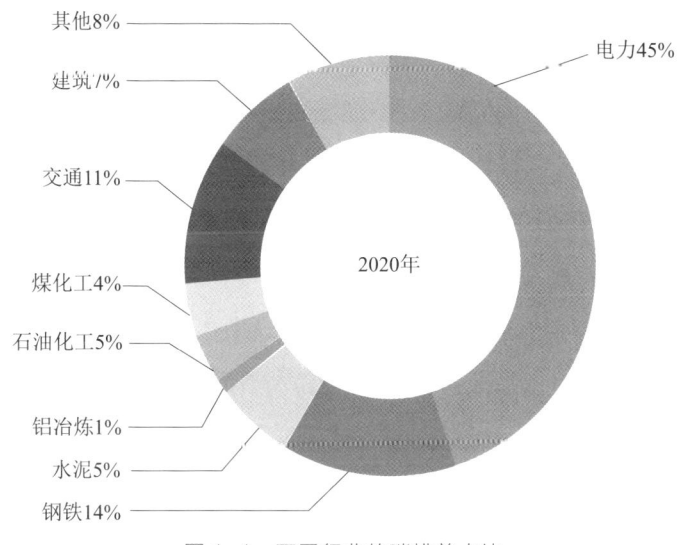

图 1-1  不同行业的碳排放占比

数据来源：《中国能源统计年鉴 2020》。

而电力之所以成为排放大户，是因为我们以火力发电为主，2020年火电在全国总发电量中的占比高达68%。

这意味着，最快见效的减碳办法，是变革能源结构。也就是从能源供给侧减少燃煤发电，增加风电等清洁能源的发电比例；以及我们现在所看到的，在能源的需求侧，一些高耗能的企业，开始把动力装置由传统能源变更为光伏等新能源。

但是，能源结构的改善需要一个过程。仍然以电力为例，2016—2020年，火力发电的比例仅仅从72%下降到了68%。

在能源结构短时期内不可能发生颠覆性变化的情况下，提高能源效率成了最现实、最经济的降低碳排放的方式。而通过数字化技术提升能源使用效率，是实现可持续发展的最佳途径。

电力等能源"上网""上云"后，从生产到使用的全过程变得可计量、可控制、可预测，也为能源供给与能源需求实现双向互动提供了技术支撑。

如果说能源是物理世界的引擎，数字技术便是逻辑世界的引擎。无论是传统能源还是新型能源，其产生、供应、调度、消费，都需要数字技术来提高效率。只有数字引擎和能源引擎共同驱动，才能在兼顾脱碳和经济增长的情况下实现可持续发展，才能使世界加速变绿，达成零碳目标。

在这一章，你将看到减碳行动的三个典型代表：数据中心是阿里巴巴自身发展中的节能先锋，可以视作能源消费的效率提升；浙能锦江用人工智能（AI）进行垃圾焚烧发电，提高能源生产环节的效率，推动行业减排脱碳；合肥市搭建智慧能源综合平台，从能源供应、调度等方面推动能源消费的低碳环保，辐射更大范围。

数字化转型的本质在于效率的提升。在工业领域，企业通过引入数字化技术，改进管理和生产流程，提高设备运转效率和能源使用效率，提高生产过程管理的精准性，进而在提升生产力的同时，有效促进节能减排、提质增效。

此外，企业可通过构建用能管理系统，对主要用能设施、设备进行分项计量，实时掌握能源使用情况，发现能耗关键点和异常点，进而通过智能化系统进行节约与改善，降低生产和流通环节的资源与能源浪费，实现生产资源优化整合和高效配置。

## 工业需要一颗绿色的心

经过多年的发展，中国已经拥有了联合国产业分类中的全部工业门类，产业体系齐全，产业规模已是全球第一。接下来的重点，是从规模走向质量。

但必须看清一些现实，比如我们的人口、土地等传统优势在削弱，资源、环境等约束在加强，全球经贸合作的不确定性在增加。

在这样的情况下，追寻高质量发展应该走出一条不同以往的道路，而当下获得较为广泛共识的"捷径"是"两化融合"，即把工业化和数字化融合。

"两化融合"包括七大要素：能源升级、制造升级、服务升级、消费者主权升级、产业协同升级、组织升级、数字化架构升级。

双碳目标下，能源升级需要放在第一位。工业首先需要一颗绿色的心、一个绿色的引擎。只有能源的供应端开始走向绿色，工业才能变得更加绿色。

我们正处在产业数字化与工业绿色化交汇的路口。绿色发展和数字未来，是当下必须面对的挑战和机遇。我们必须深刻认识到，绿色经济是可持续发展的根本途径，数字化是实现双碳目标的重要路径。唯有数字经济与绿色发展深度融合，才能实现高质量、可持续发展。

在"十四五"规划和 2035 年远景目标纲要中，中国的碳中和路线图已非常明确，数字经济、新能源、创新等要素是实现碳中和目标的关键支柱。

国家主席习近平在 2020 年气候雄心峰会上引用了李白的诗句："天不言而四时行，地不语而百物生。"在生态环境的严峻挑战之下，如何与天地和谐共生，是我们每个人必须面对的时代命题。而作为世界第二大经济体的中国，发展方式变得更加绿色低碳，将持续造福世界。

（本文部分观点整理自与阿里云智能制造行业总经理江志雄的访谈）

# 来自数据中心的实践：
# 算力增长和能耗降低如何兼得

2021年11月11日凌晨，张北的冬夜星垂平野，寂静无声。

此刻，中国一年一度的商业狂欢盛宴——天猫"双十一"购物节正在上演。一个坐在家里刷淘宝的消费者，也许从未听说过张北，但只要他连接上网络，便享受着来自张北的远程实时服务。

张北是连接华北平原和内蒙古高原的要塞，是距离北京最近的高原地区。我们此刻正立于此地，感受张北的特产——风。

风无半日静，地无三尺平。张北境内，10米高度以上，年平均风速达6.2米/秒，全县优质风能资源达350万千瓦以上。

千百年来，西伯利亚的寒风吹过六朝古长城，而今它除了带动着张北成群的风力涡轮发电机，还驱动着数字经济时代的新型基础设施——互联网数据中心（IDC）。

浏览网页、网购、在线办公、线上社交等网络行为，都由数据中心储存、交互和计算支撑。数字经济时代，生产关系各要素有了新变化，数据成为新的生产要素，算法是新的生产关系，而算力就是新型生产力。承载这一切的数据中心，毫不夸张地说，就是数字经济时代基础设施中的基石。

## 能源危机降临数字时代

2021年9月底,中国东北多地实行长时间大面积的拉闸限电,有别于国内其他地区正在发生的工业限电,居民们很快发现,连红绿灯也被停用了,交通一度陷入混乱。

从东北三省到江浙、两广,不同地区之间的限电细则略有出入,但都指向了同一个现实:一场全球性的能源危机到来了。2021年下半年,世界各国交错上演电荒、油荒、气荒,恐慌情绪随着不断创新高的能源价格和越发紧缺的库存蔓延,更随着北半球冬天脚步的临近而愈演愈烈。

从19世纪的工业革命开始,人类在200余年里快速消耗了地球几十亿年积累下来的绝大部分化石燃料,其中大部分被用于发电。国际能源署调查发现,直到2018年,全球化石能源发电比例仍高达64%,而可再生能源发电占比仅为26%,核电占比为10%。

人类社会由于使用化石能源,迎来了前所未有的繁荣,也因为过度依赖化石能源,不得不面对温室效应、能源枯竭等生存危机。在被倒逼着朝低碳时代狂奔的路上,我们对"高能耗"的事物越来越敏感。

消耗巨大电力转化成算力的数据中心,首先引起了人们的注意。2021年5月,国家发展改革委创新和高技术发展司的数据显示,数据中心年用电量已占全社会用电的2%左右。基于这个数据,数据中心被归入高能耗大户的行列。

但是关于数据中心的"高能耗",业内有另一种视角,认为对数据中心既要看能耗数据,更要看产出。《2020全球计算力指数评估报告》显示,计算力指数平均每提高1个百分点,数字经济和GDP(国内生产总值)将分别增长3.3‰和1.8‰。算力就像一个杠杆,具有放大数字经济效益的作用。得益于此,数字经济的增长速度是非数字经济的3.5倍,数字经济的投资回报率更是非数字经济的 6.7 倍。

但是数据中心行业高能耗和高产出高效率之间的矛盾该如何解决？

## 高能耗背后的具体问题

随着万物互联及万物智能时代的开启，预计未来五年全球算力规模将以超过 50% 的速度增长。到 2025 年，整体规模将达到 3300EFLOPS[①]。

算力、算力、算力……各行各业，各种新技术，各种终端，以及我们所处的数字时代，无时无刻不在追逐算力。

而国家对新建数据中心的要求是，满足高算力密度的同时，保证绿色低碳。高算力密度的绿色数据中心，将成为刚需和趋势。

目前来看，降低电力消耗的过程中最关键的环节是降低 PUE（数据中心总能耗/IT 设备能耗）。PUE 是国际通用的数据中心能源效率的指标，这个数值越接近 1，说明能效水平越高。2021 年 11 月，在中国数据中心工作组（CDCC）第九届数据中心标准峰会上发布的《2021 年中国数据中心市场报告》显示，2021 年度全国数据中心平均 PUE 为 1.49。

数据中心的能耗由 IT 设备、制冷系统、供配电系统、照明系统及其他设施产生。其中，制冷系统在整个数据中心的电能消耗中占比最大。

由于 IT 设备等设施工作时的功耗无法改变，从技术角度看，从制冷系统着手改进，成为降低数据中心 PUE 的关键。目前，数据中心领域采用最多的是风冷制冷技术，即用冷风把 IT 设备运行产生的热量快速带走。

以阿里云张北数据中心为例，这里通过大面积应用组合式空调箱

---

① EFLOPS，即 exaFLOPS。exa 为 10 的 18 次方，表示百亿亿次，FLOPS 表示巨型计算机 1 秒内浮点运算的次数。

（AHU）风墙技术，将室外温度适宜、质量良好的新风输送至机房，直接为超百万台服务器降温。

依靠风冷、湖冷等制冷技术，阿里云在河北张北、广东河源、内蒙古乌兰察布等地的五大超级数据中心，全年平均PUE小于1.3。

但是随着社会对高算力密度的超级数据中心需求越来越大，对数据中心制冷技术的要求也越来越高。原有的风冷、湖冷等制冷技术已经渐渐无法满足新建数据中心维持低PUE的刚性需求。

行业监管要求的提高，推动数据中心制冷技术不断迭代升级、创新突破。其中不得不提的就是数据中心领域近几年的黑科技——浸没式液冷技术。

## "年植400万棵树"的散热黑科技

用液冷来替代风冷给数据中心散热，是近几年业内公认的重大创新举措。

液冷技术是指将高比热容的绝缘液体作为传输介质的传热冷却技术。相比空气，液体的比热容更高，是空气比热容的一两千倍，而且比需要"看天吃饭"的风冷更可控。例如，阿里云目前大规模使用的浸没式液冷服务器技术，是将服务器完全浸泡在不导电的冷却液之中，相当于人在游泳池里面泡着，通过冷却液的外部循环将热量带走。

2015年，阿里云开始探索液冷技术的应用实践，2016年首次发布浸没式液冷系统。2017年，阿里巴巴建立起互联网行业全球首个浸没式液冷服务器集群，随后在阿里云张北数据中心进行规模化部署。

根据阿里云基础设施数据中心总经理高山渊的解释，如果用风冷技术，一个标准机柜里做到30千瓦的散热能力已经是极限，而浸没式液冷可以轻松做到 120 千瓦，经过技术改进还能做到 200~300 千瓦。在实际应用中，浸没式液冷技术适用于 AI、超算这类高密度的计算场景。

与传统风冷技术相比，液冷系统可节省 30%~50% 的电量，机房整体能效提升 30%。而阿里云目前大规模采用的浸没式液冷技术，散热全程无须额外的风扇、空调等制冷设备，实现了数据中心百分之百无机械制冷。

使用浸没式液冷技术以后，张北数据中心的年 PUE 已经低于 1.2，最低时可达到 1.09，属全球最低。这相当于每年节约标煤 8 万吨，或种植了 400 万棵树。初步估算，如果全国的数据中心都采用液冷技术，一年可节省电量相当于三峡电站 2020 年全年发电量的 2/3。

"煮蛋"是业界对数据中心能耗变化最津津乐道的比喻：2005 年，阿里 10 笔电商交易消耗的能源可以煮熟 4 个鸡蛋；2015 年能煮熟 1 个鸡蛋；2016 年启用最新的液冷技术后，仅能煮熟 1 个鹌鹑蛋了。未来，这点热量可能连鹌鹑蛋都煮不熟了。从 4 个鸡蛋到 1 个鹌鹑蛋，背后是阿里数万名工程师耗费十余年对 IT 系统极致高性能和高效率的不懈追求。

对浸没式液冷技术的价值，高山渊这样总结："液冷打破了风冷对机柜密度的上限要求，同时显著降低了系统故障率；在社会价值上，从小众走向规模化。'绿色计算'让数据中心走向规范、理性发展，用技术推动创新，用科学的理念和方法降低能耗。"

浸没式液冷技术的规模化应用，对于数据中心行业而言意义重大。但是一项先进技术如果不能得到大规模推广，最后只能被束之高阁。

2020 年，阿里云在浙江杭州的云计算仁和数据中心部署了全球规模最大的浸没式液冷数据中心，并且联合开放数据中心委员会（ODCC）向全社会开放"浸没式液冷数据中心技术规范"，也就是技术开源。

这些年，阿里云陆续把模块化数据中心、巴拿马电源、阿里云智能运维机器人等自研技术贡献给开放数据中心委员会，对全社会开源，引领和推动了整个行业的技术升级迭代。

"阿里云把浸没式液冷数据中心技术规范进行开源，是希望和更多合作伙伴并肩前行，共建整个液冷生态。一项技术只有越来越多的人使用，才能真正把成本降下来。"高山渊表示。

## 张北高原上的"熄灯数据中心"

数据中心里每分每秒都充斥着冷与热的矛盾。在这两者之间找到平衡，是数据中心的技术工程师们永不停息的战斗。

张北的冬季，气温可达到零下 30 多摄氏度，在这样的低温天气里，数据中心的部分设备如果不能保温，就会影响设备运行的稳定性，并且损耗设备的使用寿命。但要给设备保温供热，又会产生额外的能耗。

于是，阿里云设计了一个余热回收系统，把各种设备运行产生的热量收集起来，除了满足张北数据中心 IT 设备保温和办公区、生活区的供热，多余的热量还可以直接输送给周边地区的机构。

与阿里云张北数据中心毗邻的学校、医院和市政设施等，都享受着数据中心运行产生的余热，这样做也减少了该地区传统供热方式所产生的碳排放。第一阶段，余热回收系统已经满足了张北数据中心周边 13 万平方米地区的供热需求，第二阶段可满足 51 万平方米地区的供热需求。

高山渊坦言，在全社会对数据中心能耗的严苛要求下，数据中心在这方面确实面临很大压力。碳排放的核算范围有三个方面：自身的直接排放，所使用的能源的间接排放，以及所使用的物料的间接排放。数据中心最大的碳排放还是来自第二个方面的外购电力，降低碳排放的关键是数据中心能否更多地使用绿色电力。

2018年，张北数据中心加入张家口"四方协作机制"风电交易，率先在全国数据中心行业开展非水可再生能源电力交易。2020年，张北数据中心成为行业内首个碳普惠试点项目，同时获评"2020年度国家绿色数据中心"。

2021年9月，作为首批全国绿色电力交易主体，阿里云数据中心率先交易1亿千瓦时绿色电力，成为国内互联网行业最大的绿色电力交易主体，践行了绿色发展的理念，也探索了通过新交易品种获得绿色电力的路径。"双十一"期间，阿里云张北数据中心使用绿电近3000万千瓦时，减排二氧化碳2.6万吨。

国家公布"双碳"目标后，阿里云就把碳排放作为数据中心的考察指标之一。通过搭建数字化碳管理平台，阿里云将各个数据中心内部碳盘查工作线上化，实现了碳排放全景内部展示，并能一键生成碳盘查报告与碳中和、碳减排工作报告。

目前，阿里云搭建的数字化碳管理平台只在内部使用，但是跟浸没式液冷技术一样，小范围的试验是为了给大规模的实践应用做积累。阿里云计划在提升自身节能减排能力的同时，未来向合作企业、政府输出数字减碳能力。

经过一系列智能化运营的努力，张北数据中心已经基本成为"熄灯数据中心"。平时，除了有少部分工作人员在办公区值守，偌大的建筑空间绝大部分区域都处于"熄灯"状态，在一个全黑的环境里，只有各种设备微弱的指示灯闪烁着。

眺望着这黑夜中的数据中心，高山渊的思绪飘回5年前。那时数据中心所在地块还是一片荒地，旷野上只有北风呼啸的声音。而今，这里已经是一座成熟的产业园区，并且用最低的PUE跑着这片土地上最繁忙的数据，为云上的世界提供支撑，想到这里，他的"自豪感油然而生"。

新一轮科技和产业变革正席卷全球。"数字中国"的建设，正在从量的增长向质的提升转变。如果时代是一列永不回头的列车，那么算力正逐渐成为驱动列车前进的核心动力。绿色算力，已成为保证这列列车高速且稳定行驶的必然选择。

## 智慧能源平台：
## 一朵能量满满的"云"

  1882 年 9 月 4 日，在曼哈顿下城区的珍珠街上，爱迪生在自己建立的第一个发电站中，亲手合上了世界上第一个商用电力系统的电闸。次年 12 月，珍珠街发电站拥有了 508 位用户，并为 12723 只灯泡供电，大规模照明成为可能，世界从此进入电气时代。

  以此为开端，一轮接一轮的电力大基建为美国经济发展注入了强劲动力。1900 年，美国 GDP 首次超过英国，跃上世界第一的宝座，成为新的世界中心。

  自古以来，能源是人类社会发展的关键。从钻木取火开始，人类不断利用技术革新将自己可掌控的能源迭代升级，从火力、水力、风力等原始自然能源，到以煤炭为基础的蒸汽时代，再到以石油和天然气为基础的电气时代……每一次能源升级都是人类螺旋形发展过程中的一个拐点。而电力能源对于世界经济发展而言，就像是埃及狮身人面像的底座，是支撑起宏伟和壮观景观的基石。

  进入 21 世纪，世界能源格局的演变有了新的方向。随着工业化进程的推进，世界经济得到了突飞猛进的发展。这种状况导致了资源特别是能源的大量消耗，直接影响了气候的变化。世界银行 2000 年发布的报告《能源部门的环境战略》里说："现代能源利用的最具毁灭性的结果是温室效应。"

研究表明，2020年的全球平均气温已经比工业化前上升了大约1.2℃。如果温室效应得不到有效遏制，冰川融化将导致海平面上升，地球整体环境被破坏，甚至可能引发生物大灭绝。人类正站在命运的十字路口，面临生死攸关的抉择。

我们欣喜地看到，全球关于绿色发展的共识已经达成，而中国也以双碳目标为核心，着手进行能源改革。2021年3月15日，习近平总书记在中央财经委员会第九次会议上部署未来能源领域重点工作："构建清洁低碳安全高效的能源体系，控制化石能源总量，着力提高利用效能……"[①] 2020年4月20日，国家发改委把智慧能源基础设施正式圈定为"新基建"的重要领域之一。

## 安全、安心用电的智慧云

面积196平方公里的合肥滨湖新区，常住人口超过30万，其中超过九成是在最近十几年间才来到这里的。

作为一座新城，这里到处都是朝气蓬勃的年轻人。但另一方面，滨湖新区的社区工作人员却常常为一件事苦恼：该如何为隐身在数十万人中的独居老人服务？

中国已进入老年型社会，预计到2040年，65岁及以上老年人口占总人口的比例将超过20%；同时，老年人口高龄化趋势日益明显，届时全国80岁及以上人群将增加到7400多万。保障老年人尤其是独居老人的安全，是社区工作的重要内容之一。

过去，社区工作是"早看窗帘晚看灯"，需要挨家挨户摸排调查才能

---

① 《人民日报》2021年3月16日01版。

发现异常情况。而独居老人的分散性，导致社区工作人员挨家挨户跑也不一定能及时了解老人的情况，因而遇到紧急情况，常常不能及时应对。

2018年9月6日，合肥市庐江路一小区内一名85岁的独居老人被发现于家中去世。法医鉴定后认为，老人已经离世多日。同样的事件也曾在郑州等城市出现过。如果能够通过技术手段，将老人的异常状况及时通知相关人员，是否会令他们的生活更有保障？

2020年，合肥滨湖新区找到一个新方法：通过对居民用电行为的分析筛选出一份清单，再由社区工作人员上门拜访和核实，就能快速找到独居老人了。

道理很简单，无论是独居年轻人还是三口之家，他们的用电量一般都比孤寡老人的更高。只要观察到用电量较低的住户，就能缩小核实范围了。

为社区工作提供技术支持的，是国网安徽省电力有限公司合肥供电公司、安徽明生恒卓科技有限公司和阿里云共同打造的合肥市智慧能源平台。明生恒卓是国家电网安徽省电力有限公司旗下的产业单位，从事电网的信息通信、综合能源、自动化业务。

2020年1月，国家电网安徽省电力有限公司和合肥市政府签订战略合作协议，在"政企合作"模式下加速合肥电网和滨湖智慧能源服务示范区建设，助力智慧城市发展。同年9月，合肥市智慧能源平台上线；12月底，安徽首个城市能源大数据中心在此基础上成立。这是一个以电力数据为核心的数据服务枢纽，通过接入水、气、热等多种能源数据及城市运营数据，实现数据贯通，以大数据、云计算等技术打造多样化数据运营和服务的综合能源平台，让能源基础设施管理实现数字化、智能化。

在电力系统内，合肥市智慧能源平台整合了全市电力数据，利用云上的智能系统对此加以分析，及时发现居民的异常用电行为。"比如说有一个独居老人，他家里的用电量连续3天没有任何波动，系统就能自动向街道发出预警，提醒工作人员上门探望。"国家电网合肥供电公司互联网部主管陈朔介绍。

随着合肥智慧能源平台的建设与完善，居民在用电时的智能化体验越来越多。比如说，人们夏天用空调时会把温度调得很低，或者有时人离开了却不关灯，这些行为都会增加能耗。此时，智慧能源平台就会通过手机App（应用程序）发出智能提醒，达到节能的效果。

在当下的能源消费者中，居民用电和企业用电是占整个社会用电量比重最大的两个部分。因此在平台规划之初，除了居民用电管理，也重点考虑了企业的用电痛点。

安徽银山药业是合肥市的用电大户。"过去存在着能耗偏大的问题，无法精准实现生产线能效单位核算。"银山药业设备部负责人解释道。这是企业在生产过程中的一大痛点。

解决痛点的契机，或许就在数字化浪潮对电力领域的重构。在合肥智慧能源平台上线后，不仅市民体验到了智慧电力服务，平台还通过大数据和计算能力，为企业提供了更加经济专业的解决方案，实现了企业利益的最大化。

2020年年初，银山药业将原本自行管理的配电设备交给合肥供电公司代运维。这样一来，银山药业不仅省去了电力设备管理压力，供电可靠率也上升至99.99%。这一切都源自对新技术的运用。"通过智慧能源平台的监控，我们发现近期企业设备的无功功率有所波动，因此第一时间进行了设备安全检查，消除了可能存在的缺陷和隐患。"合肥供电公司客户经理李玲说。

不仅如此，合肥市能源大数据中心能够对企业用能数据进行采集和监测，定期生成能效分析报告，企业在哪方面耗能大，一目了然，从而让企业可以定向解决问题,进一步节约了企业运营成本。以银山药业为例,预计其每年可以节省10%以上的运行费用。

面对显著的成效,智慧能源平台开发的相关各方都很清楚,这个平台的未来远不止于此,要最大化释放数据价值,智慧能源平台还要向能源系统的上游进发。

## 进击"新能源汽车之都"的底气

在能源发展层面,合肥有许多光环。

合肥本地品牌江淮汽车从2002年开始研发电动汽车;2010年,合肥开通了全国首条纯电动公交路线;2013年,合肥成为全国首批新能源汽车推广和应用双试点城市之一;2017年,大众在中国成立的第三家合资公司江淮大众就位于合肥,此后江淮大众一步步变成大众在华的新能源汽车制造基地。

2020年4月,蔚来汽车总部搬迁至合肥,成为合肥新能源产业发展的里程碑事件。以此为出发点,合肥向"中国新能源汽车之都"的角色进发。但这也带来了新的烦恼,这个新的烦恼与新能源汽车的爆发式增长有关。

数据显示,截至2020年年底,合肥市新能源汽车保有量已经超过6万辆,而合肥还有一个目标:到2025年,全市累计新能源汽车保有量达到100万辆。快速增长的新能源汽车,势必需要更多的充电桩,如何分配新能源充电桩,就成为一个问题。

针对这些需求,合肥最初考虑的是充电桩的落地难度,优先在容易加装、改装的区域布设充电桩。但容易落地却并不代表有充电的需求。"有一些地方有很多充电场地,但实际上周边的新能源汽车没有这么大的需求。有一些地方周边有很多新能源汽车，但是那里的充电桩分布又很少，存在冷热不均的现象。"陈朔总结道。

问题的答案也随着智慧能源平台的完善而慢慢浮现。在进行智慧能源平台设计时，明生恒卓就考虑到合肥作为新能源大城的实际需求，着手打造满足智慧充电需求的应用功能。

首先，合肥供电公司基于大数据、物联网（IoT）技术，整合市内充电桩数据。这也是智慧能源平台构建的初衷——首先解决能源的数据汇聚问题。阿里云在其中起到的作用就是发挥云技术优势，构建底层云平台底座，支撑能源大数据中心对数据的接入和数据承载计算，分析全市新能源充电需求的分布情况，从而为充电桩的建设和运营提供参考信息。

位于合肥滨湖的明珠、报业园两个小区，是合肥供电公司在安徽省的首个试点，这里于2020年12月建设了30台有序充电桩。到2021年1月，已经累计建设2500多台交、直流充电桩，并全部接入国家电网公司"车联网"平台。车主通过手机"e充电"App，就能轻松搜索身边最近的充电桩，方便快捷。

由于智能决策的依据是大数据分析，其精准性远非人工经验所能比拟。在小区变压器不扩容的前提下，充电桩位增加了25%，用户充电成本降低了33%。

智慧能源平台打通了用户、充电桩和电网之间的数据壁垒，实现了对生产和消费的系统化有序控制，从用电侧进一步通过感知和智慧的手段影响整个电网，甚至可以通过与电力生产端的互动来实现能源的节约。

## "光伏之城"的密码

有着"光伏第一城"之称的合肥在"十三五"期间就在光伏产业上

发力，通过实施分布式光伏屋顶、光伏建筑一体化、光伏地面电站、光伏示范项目、光伏扶贫、"光伏+"综合利用等工程，推进新能源建设。"十三五"期间，合肥光伏新能源年平均增加值增速达18.1%，截至2020年，光伏产业企业总数达到约90家。

合肥在光伏产业上的雄心延续到了现在。2021年是"十四五"开局之年，当年发布的《合肥市"十四五"光伏产业发展规划（征求意见稿）》就提到要继续"借光发展"。此时合肥的光伏产业已经实现了由跟跑、并跑到领跑的跨越式发展，成为该市为数不多的同步参与全球市场竞争的代表性产业之一。

截至2021年1月初，合肥市光伏装机容量达234万千瓦，规模位居全国省会城市前列，占本地电厂总容量的31.38%。每天从光伏发电装置上产出的电力，占到合肥电网实时负荷的近40%。

庞大的光伏产业除了能对现有能源格局形成补充，还有更大的用处。2013年，合肥在全国首创光伏扶贫下乡工程，开了全国太阳能光伏扶贫的先河。通过在农村地区建设村级和个人光伏电站，生产的电力由电力公司收购，既解决了村里无人干活的问题，又提高了农民的收入，成了因地制宜扶贫的特色产业。

对这些分散的光伏发电站进行统筹管理乃至后期结算，也是智慧能源平台建设的题中之义。明生恒卓公司智慧能源平台项目负责人王双表示："电量和电费的结算要补贴到每个用户。在进行结算时，可以通过平台接入相关的数据，实现快速精准结算。"

为此，明生恒卓协助安徽电力打造了光伏扶贫补助资金管控平台，简称"智慧账本"：通过技术手段整合业务流程和数据，将人工审核的工作量减少60%，分析报表生成速度加快85%，用户发电量、扶贫资金查询用时缩短95%。业务处理时间大幅缩短，效率大幅提升。

截至 2021 年 9 月，该平台已经服务扶贫电站 62748 户，累计结算 1090 次，拨付资金 13.5 亿元，惠及扶贫户 47 万户。

在"点滴汇聚，以成江河"的逻辑下，智慧能源平台实现了对光伏电站的智慧调控，促成了光伏行业价值增量的产生。2021 年年初，合肥供电公司试点打造安徽首个虚拟电厂，协调控制零散的光伏电站、充电桩等分布式能源，将它们聚合成一个没有实体的特殊电厂，参与配电网络，成为现有电力网络的补充。目前，合肥虚拟电厂接入的光伏电站达 120 兆瓦，相当于新增一座可为 18 万户居民用户供电的电厂，进一步提升了能源利用效率。

截至 2021 年 1 月初，合肥市能源大数据中心已累计接入 2.5 万户高压电力用户、168 个充电桩、60 座光伏电站的数据和信息。

智慧能源平台也已真正成为一个有生命力的综合平台，发电设备、电网设备、用电设备和用户之间通过云平台互联后进行信息交换，对实现整个系统的效率优化意义重大。"围绕能源的生产、转换、供应，把各个环节串起来，将生产、服务等数据共享，串联起整个能源产业链。"陈朔认为，智慧能源平台将改变能源生态。

## 电网的千里眼和顺风耳

2021 年 9 月 23 日下午，辽宁省沈阳市的沈北新区和浑南新区部分区域在未发出事前通知的情况下突然停电，停电时间持续至当晚 8 点至 11 点不等。

此后两天，东北多个城市出现了未经通知直接拉闸限电的现象，有些地方停电时间甚至超过 12 个小时。限电措施不只在工业领域，还波及居民生活用电，甚至有报道称部分地区将红绿灯也断电了，引发巨大的舆论争议。

接下来，云南、浙江、江苏、山东、安徽、湖南、广东等多个省份都相继采取了"有序用电"等措施，对高能耗企业用电做出限制。

能源供给的结构性不平衡正在严重制约经济和社会的发展。拉闸限电这样粗暴极端的手段，当然出现得越少越好。能源问题不仅仅是控制的问题，更多在于管理。整个电网，从发电到输电再到配电，最后到用电，各个环节相互连接，成为一体，只有通过数字化、精细化的智慧能源管控，才能实现有限能源的科学分配和运用。

智慧能源平台就相当于给电网配齐了千里眼和顺风耳。通过大数据、云计算和人工智能技术，平台集智慧能源监视、预测、调控、分析和服务等功能于一体，能为居民、企业、政府等相关部门提供精准化、差异化和智慧化的服务。

据合肥供电公司信通公司职工陈小龙介绍，智慧能源平台首批接入了133家重点能耗企业，以及全市的高压用电客户数据，能够辅助发改委等部门做能耗双控（总量和强度）管理。目前，平台能对其中48户年综合能源消费量万吨（标准煤）以上的重点耗能企业及70家重点环保监测企业进行24小时不间断的双控管理，实时掌握企业内部电力运行情况和能源消耗情况。

"我们在智慧能源平台中打造了可视化的监测界面，让政府可以直观了解一些能源消费大户的用能状态，以及全社会的用电结构、用电量趋势等信息，让政府的能源治理有据可循。"这令政府部门在使用能源调控手段时，能始终从实际的用能状况出发，甚至未雨绸缪。"比如说，某一家企业在一个阶段内的能源消费增长值或增长率超过了目标，平台就能够输出详细的分析报告，提供给政府部门，由此及时对企业的生产经营做出调控。这样就不会出现2021年下半年那样因电量短缺导致强行拉闸限电的情况。"

在此基础上再看智慧能源平台的建设与应用，就更能理解其对于合肥市的意义了。智慧能源平台打破了电力供需多方的信息不对称，实现了对新型电力系统中各个环节、各类场景的准确、统一和全面感知（即数据融合），使得区域内的电网可观、可测、可控。

相关各方对智慧能源平台的思考已经超越了早期规划的赋能电力本身。"在做远期规划的时候，我们就想通过智慧能源大数据中心，营造一个类似能源联盟生态的氛围。"陈朔说。智慧能源平台未来将能够对能源种类、结构、运行和效率进行全景式监测，支撑政府实时掌握能源运行情况，了解经济发展态势。

合肥的思路可以从两个方面来理解。

一方面是进行能源产业的数字化。将电力、光伏、风电等多种能源因地制宜地整合到智慧能源平台，应用互联网、物联网等新一代信息技术，对能源的生产、存储、输送和使用状况进行实时监控分析，并在大数据、云计算的基础上进行实时检测、报告和优化处理，对区域内能源进行精准调配，使得各种能源优势融合互补，保障能源的有效、高效供应，减少能源浪费，达到提高效率、节能减排的目的。

另一方面是能源数字的产业化，挖掘海量能源数据的价值。在智慧能源平台上，数据从沉睡的资源转化为生产要素，就像现在电商平台给用户精准画像，进而定向推送商品一样，数据也可以用来为政府部门、能源服务商、能源用户服务，实现能源供需的线上匹配。

智慧能源平台以数据为核心生产要素，推进多种能量流和由数据构成的信息流的深度融合，从技术、功能、形态上重构传统能源管理形式，从根本上构建了一个全新的能源流动体系，实现多能源网络的协同互动，最大限度地提升了能源使用效率。其核心理念是：能源低碳化、类型多样化、过程智能化、信息互联化、使用高效化。

在合肥市的规划里，智慧能源平台如同城市的能源系统大脑中枢，向整个城市发布指令，保证城市能源系统的有序、高效运转。此外，平台还布局了碳核查、碳监测功能，远期规划与广州碳排放权交易所、上海环境能源交易所等机构进行碳资产交易的合作，为国家层面的双碳目标提供主动支撑。

将能源供求链上的相关各方整合进开放透明的综合数字管理系统，将是一场关于能源的革命和时代的变革。合肥智慧能源平台将在实现碳中和目标的道路上再一次展现中国速度。这不仅是为了中国，更是为了人类的存续。

# 绿色环境：
# "焚"废为宝，用 AI 发电

浓重的雾霾遮挡了视线，举目望去，远处除了灰霾就是灰褐色的垃圾山。

垃圾场里，一群拾荒者低头扒拉垃圾，旁边还有一群羊，羊毛脏到已看不出原本的颜色，变成不同层次的灰。他们围绕在一辆刚进场的垃圾车旁，车刚抬起货斗准备倾倒，旁边等着的人和羊群就一哄而上，有个人喊："快抢快抢，不抢一会儿就没啦！"拾荒者和他们的羊都从这垃圾堆里讨生计。

这是 2010 年上映的纪录片《垃圾围城》里的一幕。摄影师王久良走遍了北京周边四五百座垃圾场后发现："北京，已然是一座被垃圾包围的城市！"

不仅是首都，当时全国有超过 1/3 的城市陷入垃圾围城的窘境，75 万亩土地被垃圾侵占。

垃圾围城的很大一部分原因，是城市所产生的固体废弃物八成在城市郊区堆放、填埋处理。填埋处理生活垃圾不仅占用大量土地空间，加剧了人地矛盾，而且垃圾分解过程还会造成大气、水体、土壤污染等问题，贻害长远。

这部纪录片上映距今已有十余年，然而直至今天，似乎并没有哪座城市真的被垃圾围困。城市是如何从垃圾的包围圈中突围的？垃圾又都去哪了？

生活垃圾主要有填埋、堆肥和焚烧三种处理方式。以填埋为主的处理方式无法持续后，正是快速发展的垃圾焚烧发电行业消化了越来越多的垃圾，缓解了垃圾围城的困境。

垃圾焚烧发电的本质，是废弃物的无害化、减量化、资源化。行业数据显示，采用焚烧处理生活垃圾，每吨可产生电量280千瓦时。以上海为例，2020年上海全市垃圾发电量达31.7亿千瓦时。

另外，长期被误解的垃圾焚烧发电，其实是个"减碳"行业。据中国自愿减排交易信息平台披露的数据，每吨垃圾焚烧可减排0.3～0.5吨二氧化碳。预期到2030年，垃圾焚烧减排量可达1.55亿吨/年。

2011—2020年，中国垃圾焚烧厂数量增长了3倍，垃圾焚烧处理量从2300万吨增长到1.2亿吨，增加了4倍多。10年间，垃圾焚烧占垃圾处理总量的比重从18.8%上升至51.2%。

随着"双碳"目标的确立，垃圾焚烧发电产业的经济价值和社会价值正在被重新发掘和定义。在新的形势下，这个长期因生产工艺复杂而数字化程度极低的行业，面临着迫切的转型需求。

## 垃圾焚烧发电，环保利剑高悬

1998年，浙能锦江环境控股有限公司在杭州余杭建立了中国第一家异重循环流化床垃圾焚烧发电厂，这也是中国第一座拥有自主知识产权的垃圾焚烧发电厂。该公司与浙江大学热能工程研究所岑可法院士的团队合作，对尚在研究阶段的异重循环流化床垃圾焚烧技术进行完善，成功地把一家燃煤发电厂改造成为生活垃圾焚烧发电厂。

而在此之前，国内仅有的几座全资引进国外进口锅炉的垃圾焚烧发电厂位于上海和深圳。从国外进口的垃圾焚烧锅炉价格昂贵，且存在"水土不服"的问题。

异重循环流化床垃圾焚烧技术则适应了早期国内垃圾不分类、多组成、高水分、低热值等特点，通过国产化和加强技术适用性，使这项技术得到推广普及。2010年，全国使用流化床技术的项目产能达到垃圾焚烧发电项目总产能的49%，这也让浙能锦江环境控股有限公司被业内称为"黄埔军校"，该企业还参与制定了18项垃圾焚烧发电技术的国家标准。

回过头来看，在2010年前后，垃圾围城和电力紧张的矛盾初步显现，因此各地陆续上马垃圾焚烧发电项目，国有、民营资本一拥而上。

2012年年初，国家适时推出新的垃圾焚烧发电项目补贴政策，明确"以生活垃圾为原料的垃圾焚烧发电项目，均先按其入厂垃圾处理量折算成上网电量进行结算，每吨生活垃圾折算上网电量暂定为280千瓦时，并执行全国统一垃圾发电标杆电价每千瓦时0.65元（含税）；其余上网电量执行当地同类燃煤发电机组上网电价"。

"280千瓦时、0.65元/千瓦时"的补贴标准极大改善了这个行业的盈利状况，也将垃圾焚烧发电产业推上了风口。

然而是风口，也是浪尖。这个行业站上了政策的风口，也站在了环保监管的浪尖上。

自2012年国家对这个行业的税收优惠政策及各地补贴政策陆续出台，紧随其后的，是一层又一层加在这个行业身上的环保压力。垃圾焚烧发电行业应环保需求而生，却又陷入了"不环保"的舆论旋涡中。

垃圾焚烧发电的过程伴随一系列复杂的物理和化学反应，除了燃烧产生的热能把水加热成过热蒸汽，蒸汽推动汽轮机转动产生电能，还会产生各种废渣、废水和废气，这些副产品正是国家对这个行业环保监管的重点。

解决垃圾焚烧过后的污染问题的核心，在于控制垃圾焚烧环节的炉膛温度，并使垃圾充分燃烧。国家明确要求，垃圾焚烧过程中，炉膛烟气出口温度必须达到850℃以上，并延时2秒。"850℃/2s"的硬性规定，可令烟气中的二噁英含量控制在排放标准内。

如果污染物超标，电厂不仅要面临警告和处罚，每月为此额外付出的运营成本也将增加。

2017年，生态环境部要求全国的垃圾焚烧发电厂完成"装、树、联"[①]，要求电厂的自动监测数据与生态环境部联网；2020年，"装、树、联"监管升级，自动监测数据可作为判定环境违法行为的证据，环保监管力度空前。

"装、树、联"的要求，就像一把在全行业从业人员头顶上时刻悬着的监管利剑。环境保护，是这个行业存立的根本价值所在，也是从业者疲于应对的最大难题。破局的力量来自行业以外——融合了云计算、物联网等高精尖技术，看似跟垃圾焚烧沾不上边的 AI 工业大脑。

## 蹲在"垃圾堆"里的算法工程师

2017年，阿里云的算法工程师来到了浙能锦江环境公司位于浙江杭州萧山的垃圾焚烧发电厂，在"垃圾堆"里蹲守了半个月，跟着电厂员工一起上下班。此后，他们又花了半年时间，在全国各地调研论证，为的是给垃圾焚烧发电厂装上"智慧大脑"。

阿里云研究院高级战略专家王岳说，看似离 AI 技术遥远的行业，一

---

[①] "装"即垃圾焚烧企业安装自动监控设备，实时监控污染物指标和炉膛焚烧温度；"树"即必须在厂门口或便于公众查看的显著位置树立显示屏，公开实时监控数据；"联"即企业与环保部门联网，将实时监控数据传输到生态环境部。

且与 AI 发生化学反应，所产生的能量将是巨大的。

合作初始阶段，阿里云对浙能锦江环境公司说"可以干"的时候，该公司的要求只有四个字——增效、减员。这时候几乎没人意识到，运用云计算、大数据、人工智能等技术将垃圾焚烧的生产流程进行数字化再造，能把发电厂最头痛的环保压力也解决了。

垃圾焚烧发电的生产全流程主要分为五个环节：垃圾给料、垃圾焚烧、烟气处理、污水处理、汽轮机发电。其中技术最复杂、最难以稳定控制的环节，就是垃圾的均匀给料。

所谓垃圾给料，就是将垃圾送入焚烧炉，给料的力道和速度都会造成燃烧状态的不同，进而直接影响焚烧效果、环保排放和企业效益。

过去，这个过程全凭一线工人的经验判断，即便是最有经验的老师傅，也有"老马失蹄"的时候。

浙能锦江环境公司发现，AI 工业大脑竟能成为牵马的缰绳。关键就是用算法控制垃圾焚烧的过程，这要做好三件事：

第一，数据收集。将从现场收集的生产、设备、环境等数据上传云端，建立数据库，把原本零散的数据唤醒，转化为"会分析、有智慧"的数据资产。

第二，AI 分析。在系统中进行算法建模，从 2000 多个测点中选定对垃圾焚烧影响最大的 30 多个测点数据构建算法模型。再加上视频识别、焚烧炉内实时状态识别等实时反馈技术，综合后台的垃圾样本光谱库、工业 AI 图像引擎可以快速感知垃圾成分的变化，并对其进行分析。

第三，参数推荐或自动控制。根据 AI 分析的结果，向技术人员推荐对应的投放量、送风量及对应的工艺参数，在垃圾总量不变的情况下，通过提升燃烧效率产生更多蒸汽，从而增加发电量。

阿里云和浙能锦江环境公司进行合作试点的云南省昆明市西山垃圾

焚烧发电厂于2020年8月数字化改造完成后，三个锅炉垃圾焚烧发电的蒸汽量平均提高了2.3%。AI系统通过机器学习不断优化，半年后蒸汽量提升了3%。

这一数据上的改变，带来的是实打实的经济效益。这也正是浙能锦江环境公司与阿里云合作的初衷之一——增效。

蒸汽推动汽轮机高速运转，带动发电机发电，因此垃圾焚烧发电厂通常可以通过蒸汽量直接测算出收益。每吨蒸汽价格在全国不同省份价格不一，在云南省，蒸汽价格为150元/吨，在经济较发达的浙江省，每吨蒸汽能卖到300元。

以西山电厂为例，该厂一年的蒸汽量为70多万吨，按照蒸汽量提高3%计算，电厂每年可提高2万～3万吨的蒸汽量，直接给电厂增加300万～400万元的收益。

看着财务报表上越来越漂亮的业绩，浙能锦江决定让旗下其他7家电厂对西山经验进行复制推广，并计划在3年内实现AI工业大脑对旗下所有电厂的全覆盖。

经测算，AI工业大脑在全集团推广应用后，每年将带来近1亿元收益。

在提升经济效益的同时，阿里云的AI算法系统最核心的价值是，帮助浙能锦江从根本上解决了环保压力，提高了环保效益。

在传统的人工控制场景中，由于测量装置的反馈具有滞后性，当值班人员看到环保装置的数据超标时，烟气已经从烟道排出去了。工厂即便能监测，也无从改进。于是，垃圾焚烧发电厂会添加环保辅料等进行补救，电厂每个月要为此付出数十万元的运营成本。

换句话说，如果能提前精准预测焚烧效果和排放物数据，这笔钱就能省下来了。

AI算法系统可以帮助浙能锦江环境公司做到提前1～3分钟知晓烟气、废渣、废水等排放物的情况。这样，在废气排放前，就能精准计算出环保试剂的用量。阿里云算法专家王松说："环保试剂的节约效果每个电厂不同，一般都可以比之前节约10%～20%。"环保试剂的钱省下来了，排放物却控制得更好了。西山电厂改造后，烟气里的一氧化碳浓度降低了近50%。

## "自动驾驶"的电厂老师傅

在AI算法模型的帮助下，决策变得简单了。比如，火力小了燃烧不充分，技术人员都会收到提示。

然而，这还不能让执行变得简单。因为最初，AI运算结果只用来辅助决策，并不直接操控锅炉设备，所有的执行仍然需要人来操作。操作员习惯依赖经验操作，并不习惯听AI推荐的结果办事。

这样一来，"人"反而成了最大的变量。算法系统像是一个不受重视的"老师傅"。老师傅的话如果没有被听进去，或者没有被执行，就变成了一个摆设。

在过去很长一段时间里，浙能锦江环境公司的运行人员就像救火队员一样疲于奔命，随时准备应对设备的异常状况。举个例子，过去垃圾焚烧发电厂缺乏有效的火焰监测识别手段，只能依靠人工通过视频或从炉口肉眼观察燃烧情况，原始得就像"看着土灶里的柴火去做饭"。

为了让锅炉少出问题，锅炉每隔一定时间要检修一次，遇到堵塞等故障，停炉时间会更长。

"投产之日就是技改之时。"这是一句只有行业内的人才懂的暗语。意思是，垃圾燃烧的复杂性导致锅炉设备频频出现异常状况，项目一旦开始投入生产，技术改造就同时开始了。从投产之日始，电厂就得想方设法用各种技术手段减少故障和停炉时间，因为锅炉重新点火会导致垃圾不能充分燃烧，每一次停炉都会让环保效益和经济效益双双受损。

而在 AI 算法系统的自动调控下，炉膛温度的稳定性提升了 38%，机器故障率降低，锅炉连续运行时间延长了约一倍，同时还大幅度降低了一线生产人员的工作强度。过去，垃圾给料操作员 4 小时内需要操作 30 多次，而在 AI 的协助下只需要干预 6 次即可。原来西山电厂每班次值守 3 台锅炉需要三个人，现在只需要一个人即可，真正实现了"减员"。

在阿里云 AI 垃圾焚烧算法技术的支持下，浙能锦江环境公司成为国内第一家实现垃圾焚烧智能控制的企业。AI 垃圾焚烧这位"老师傅"，用实际效果彻底说服了当初持怀疑态度的电厂领导。

改造落地半年后，西山电厂总经理到集团汇报时分享了一件出乎所有人意料的事：领导要求 AI 算法每个星期停止运行一个班次，改用人工操作。原因是 AI 算法控制自动化运行效果太好，领导害怕操作人员过于依赖 AI 算法，造成懈怠。

有 AI 工业大脑后，电厂的自动运行控制率超过 95%，把浙能锦江的技术人员从原来重复琐碎、疲于奔命的技术修补劳作中解放出来，他们终于可以更专注地思考怎样改进技术，有了更多的精力寻求创新。

浙能锦江董事长韦东良认为："数字化改革让一线工程师不再拘泥于一些低附加值的工作，生动诠释了科技解放生产力的含义。"

2021 年，浙能锦江与阿里云又签署了数据中台协议。在浙能锦江的数智融合转型战略里，实现产线自动驾驶、设备数字孪生后，双方将在经营管理方面进行 AI 智能管控的合作，共同打造真正的数字化、智慧化垃圾焚烧发电厂。在不远的未来，所有电厂都将实现无人化全自动控制，管理者通过一部手机，便可以远程掌控电厂运行情况。

人工智能、大数据分析、3D 仿真、视频图像识别、机器学习等科技构建的"云"上世界，成为企业运营新载体。

## 运营为王时代，AI 赋能产业转型

2021 年 10 月 24 日，国务院印发了《2030 年前碳达峰行动方案》。方案明确提出，健全资源循环利用体系，大力推进生活垃圾分类和生活垃圾焚烧处理，降低填埋比例，全面提高资源利用效率，充分发挥减少资源消耗和降碳的协同作用。

韦东良认为，这意味着垃圾焚烧发电产业在迎来新机遇的同时，也迎来了运营为王的时代。因此，发电厂必须进行数字化转型，并推进精益化、标准化管理体系，助力企业提升运营核心竞争力，践行绿色、低碳、循环、可持续发展的理念，为满足人民日益增长的优美生态环境需要提供更多优质生态产品。

目前，国内垃圾焚烧发电产业已高度集中，26 家龙头企业掌握超过 90% 的市场份额，其中前五家企业的市场占有率达到 48%。

在市场增量放缓、行业格局已定的大环境下，为了增加盈利和提升市场竞争力，企业纷纷投身新的技术竞赛，拥抱数字化红利。

截至 2020 年年底，中国正在运行的生活垃圾焚烧发电厂达到 700 余座。据"十四五"规划，到 2025 年年底，垃圾焚烧发电厂将达到 1200 余座，拥有生产线约 2500 条。

如何让现存和新增的电厂都能抓住数字经济带给传统产业的巨大数字化红利，让数字技术赋能产业数智化升级，是这个行业的新命题。

"做浙能锦江项目时，我们意识到，每一项技术的 AI 优化过程需要大量的试错调整，光靠我们自身的力量去帮助企业做数字化转型，效果非常有限。随着智能固废 AI 产品模型越来越成熟，希望这种数字化的能力能够规模化地复制到行业，帮助其他中小企业低成本、低门槛地实现数字化转型。"王松说。

AI 算法系统就是加速器，把经验推广出去，整合多方力量，才能掀起全产业的数字化浪潮。

为此，阿里云把智能固废 AI 产品的模型设计成了被集成模式，将同类型的运行算法发布为可交付、可复制的图形化产品。行业内的集散控制系统（DCS）厂家、锅炉设备厂家、固废行业 IT 公司、设计院等合作伙伴只须简单地拖、拉、拽，就能直接将其用于各个垃圾焚烧企业，嵌入企业数字化转型中。

E20 研究院院长、北大环境学院产学研中心主任傅涛认为，垃圾焚烧发电产业经历了三个阶段。第一阶段：抢规模、抢地盘、建设施的基础阶段。其间，我国建成了 500 余座垃圾焚烧发电厂，数量居世界第一。第二阶段：基础公共服务阶段。政策高压之下，垃圾要烧得好，稳定达标，排放监管比欧盟标准还高，解决了邻避效应。第三阶段：提供高质量的价值服务阶段。行业要引领未来，引领世界。

阿里云和浙能锦江在垃圾焚烧发电领域的合作探索，是行业内专家与行业外数据科学家、传统产业和数字经济的跨界组合，"平台 ×（数据 + 算法）"在试点单位成功实践后总结的新模式所产生的杠杆效应，可以支撑行业应用快速复制，最终撬动整个固废产业的数字化转型。这将是中国在这一领域引领世界的宝贵经验。

# 第二章

## 数字城乡，智慧治理多彩生活

城乡二元结构体制由来已久，"城乡二元"将城市和农村人为分割，带来了城乡二元经济结构和社会结构，对国家经济和社会发展造成严重阻碍。进入新时代以来，城乡二元局面仍然存在，即便在国家经济发展和社会政策调整的大背景下，城乡发展仍表现出巨大的差距和不协调，城乡一体化还需进一步发展。以数字技术为代表的新一轮产业革命和技术变革正全方位影响人们的生产生活方式，也是我国全面深化改革、促进乡村振兴、建设新型城镇化并最终实现共同富裕的重要动力。

在城乡区域一体化的传统发展历程中，融合的动力主要来源于交通基础设施的建设与完善，交通越便利，城市与乡村之间要素的流动性越强。近年来，伴随着各种数字化技术的应用，基于交通连接的社会空间格局发生了变动，城乡区域一体化发展呈现了新特征。数字化突破了实体距离的限制，构造了虚拟的网络空间，要素可以更高效地流动与集聚，数据可以更及时地共享与融合，城乡区域一体化拥有了更为强势的驱动力。

数字化对于城乡区域一体化融合发展的驱动是全方位的。首先，它推动了生产要素和生产工具的升级，为落后农村的产业集聚化、规模化提供了机会，促进了人口、信息、资本和技术等多种要素的流动。其次，它促进了社会治理模式的转变，形成重心下移、服务靠前、多方参与、政社互联互动的社会治理格局。最后，它推进了基础设施的迭代更新。一是将新的信息技术赋能传统基础设施，使之具有新的活力；二是为新型基础设施的建设添砖加瓦、保驾护航；三是构建了基础设施体系的数字化架构，系统全面地推进基础设施现代化。

## 生产要素和生产工具的升级

数字化作为农业生产方式转变的重要驱动力，以数据作为新的生产要素，伴随物联网、人工智能等新式生产工具的助力，进一步释放了农村的生产力，从传统低效向自动化、智能化转型，大大提高了生产效率。农业发达国家已经开始利用机械化、数字化探索"无人农场""智能农场"。国内也在效法其经验，致力于转变"面朝黄土背朝天"的传统农耕方式。

我国现有农业人口正逐年呈现老龄化趋势，这导致农事生产中降低劳动强度的需求非常迫切。假设在未来，繁重的农事劳作，诸如修枝、植保、浇灌、喂饲等操作，都可以通过机械化来助力，将大幅降低劳作负担。另外，随着年轻人从事农务活动的意愿降低，使得家族式经验难以传承，因此更需要一套完备的"知识引擎"来支持不同产业的数字化升级。如果大量依靠经验判断的农事劳动，如何时浇水、何时施肥、如何治理病害也都能基于专家知识固化为知识图谱，给每位农民配置一位"随身专家"，这将有效提升农事质量。

而当前农业数字化的挑战是场景过于"复杂"而数据过于"分散"。因为农业属于知识密集型产业，不同门类间知识差异性极大。种小麦的经验，对种苹果的农户来说几乎没有借鉴意义；海水养殖的经验，如果生搬到淡水也会出大问题。另外，农事过程中对温湿、水肥、病害等从宏观至微观的数据，是高频度、多种类的，它需要对各类数据的获取与长期积累。因此，在进行农业数字化的实践中，很难追求大而全、一刀切的标准体系，需要找到普适性最强的部分，比如主要种植作物小麦、水稻的特性，将它们的种植模型逐步迭代、记录下来，最终形成一个长周期的价值。

此外，践行乡村数字化，还有一个关键点，就是用数字化手段来解决农业的产销问题。在生产端，数字化能够帮助农产品更加规模化、标准化、品牌化；在销售端，数字化可以呈现为丰富的线上线下渠道、直播带货等新型销售模式，甚至通过区块链溯源来提升整个地域农产品的知名度。从产销两端并行发力，才能通过数字化完成农产品的全周期监测。

## 治理模式的转型

基层治理每天面临的都是"千条线、理不清"的局面，事情落到基层的具体执行又是千变万化的。为应对社会快速变迁、化解社会基层治理问题，各地政府展开了有益的探索，积累了基层治理的改革创新经验。

《中共中央 国务院关于加强基层治理体系和治理能力现代化建设的意见》中明确提出"推进村（社区）数据资源建设"的重要性。基层治理的首要工作是摸清"家底"，熟悉掌握大到小区，小到楼宇的空间信息、人户信息、企业信息等基础治理数据，以"大数据+基层治理"为手段，构建基层数据系统，让数字末梢治理更智慧。上海市通过居村数字化平台，将基层治理所需人、房等基础数据下沉到居村，构建"基层专题数据库"，形成人、房、事等多个动态数字档案，通过业务闭环应用驱动盘活数据资产，让基层采集的数据"能够回家"，从而让数据"活"起来。同时基层专题数据库对接到条线业务应用，打通了条线和居委的数据循环通道，实现数据双向赋能。

同时，推进数据精准化运用，让末梢治理更注重细节管理和人文关怀，让基层在"管理"的同时能更好兼顾"服务"，特别是针对困难群众、孤寡老人、留守老人、留守儿童等弱势群体的需求，为他们提供精细化服务，以智慧化手段更好满足群众日益增长的美好生活需求。

我们还应该看到多元协同治理的重要性，要突出城市基层治理体系诸要素之间的整体性和关联性，消除系统内部隐形壁垒，形成治理主体权责边界明晰、跨部门跨行业协调运转的长效机制，使每一个"神经末梢"的参与积极性都得到充分激发，从而找到人民群众利益协调的最大公约数。例如在上海虹口区就搭建了"街道、居委会、楼组"三级议事协商平台，居委会、业委会和物业"三驾马车"并驾齐驱，通过完善工作约请、协商解决等机制，激发基层内生动力和活力，畅通基层治理的"最后一公里"。

不难发现，社会治理正在朝治理资源重心下沉、数据精细化、多元主体协同治理、全域治理、基层数字创新理念提升等方向发展，让社会末梢治理延伸到从城市到乡村的各个角落。

## 基础设施的迭代更新

基层治理数字化建设不只是需要解决技术问题，更需要数字末梢触角下沉到每个角落。大到每个小区、高层建筑和深基坑等建筑物，小到电梯、闸机和水表等城市最小感知部件，都需要依赖网络设施、硬件设备、平台数据等基础设施向下延伸，成为城市感知生命体。

当下物联网、数据智能等技术已经开始深度应用到从城市到乡村的各个场景，将现实中的人、物、地、事、场等各种要素结构化和数字化，充分融合跨系统、跨业务、跨部门的各类数据，构筑耳聪目明的城市大脑基础设施。

例如面对 2020 年 4 月 12 日上海市的首个雷雨大风"双黄"预警，上海市通过承载在阿里云之上的城市运行管理系统，将全市防汛工作中的 1418 个排水泵站、总长度近 2.8 万公里的地下排水管网、736 个疏散点、64 个易积水点的数据通过物联网汇聚，同时将实时汛情与近 10 年上海主要灾害事件的历史汛情进行智能对比分析，模拟汛情可能的发展趋势和灾害影响程度。通过城市运行管理系统，上海市将这次暴雨对于城市的影响程度降到了最低。

此外，基础设施的提升，也为数字化服务提供了新形式和新场景。比如水务场景的数字化，基本的解决路径是通过传感设备、智慧应用等方式，监测水质并在水质异常时发送警报，为居民提供及时的供水资讯等；再做深一层，就可以通过特定居民的每日用水量，获取居民（尤其是独居老人）在家的活动信息，以防出现老人独自在家出现安全事故无人过问的情况。比如在海口，暴雨季节发生道路积水后，美舍河通过物联网基础设施实现事件自动报警，及时触发并保证终端处置人员的快速指派；城市大脑部署在美舍河的智慧排水系统自动将积水点信息发布到高德地图，通过高德地图实时为老百姓进行展示和交通路线改道推荐；城市大脑同时自动向指定范围内的市民和车辆发送积水点位置和积水情况，避免因积水造成事故或财产损失。

数字城乡建设是一个大课题，是一场马拉松，是一个整体战，需要把"建运一体，以运促建"贯穿到数字治理体系全生命周期，推动政府、企业、公众等多源主体共同参与数字治理体系的建设运营。

（本文根据阿里巴巴集团副总裁许诗军、阿里云智能自然资源行业总经理唐日新采访素材整理）

# 智慧果园：
# 从"看天吃饭"到"手机种地"

沂源，地处北纬35度，是山东省平均海拔最高的县，其山地和丘陵面积占到全县总面积的99%以上。这里阳光充足，昼夜温差大，地貌、气候都非常适合苹果生长。

据《沂源县志》记载，沂源大规模培育苹果至今已有100多年，历史上沂源种植苹果的品种多达几百种，当地产出的苹果皮薄色艳，质脆多汁，不仅畅销国内市场，还出口至日韩、欧美等地。苹果，也成了沂源人的骄傲。

一组数据能说明苹果对沂源人的重要性：全县有26万余人从事苹果相关产业，占沂源总人口的50%，苹果经济收入占全县水果经济总收入的70%左右，苹果收入占果农收入的80%。

可近年来，身为"苹果之乡"的沂源，陷入果树品种老、管理人员年龄老、管理技术老的"三老"困境，面临着严峻的考验。

首先，沂源县山多地少，地块零碎分散，一家一户的经销模式极度仰仗人力密集型劳动，而现在年轻人大都不愿从事农业劳动，外出务工的比例不断增加，当地果农老龄化严重，生产力青黄不接。

其次，因为大部分果农的文化程度不高，思想守旧，不愿意变革原有的传统种植模式，因此导致当地苹果种植科技化程度不高，技术普及困难。

最后，由于农业受气候影响大，加上当地果农的技术水平有限，在苹果种植过程中，仅有灌溉、植保等环节投入了少量信息化设备，大多数时候还是看天吃饭，这就导致当地果农容易陷入"投入少—收益低—投入更少"的恶性循环。

市场环境的变化，也让沂源苹果曾经的地位岌岌可危。近年来，陕西、甘肃、新疆等地的苹果产业发展迅速，大量南方水果北上，成了苹果的替代品，再加上消费者对进口水果产生了更大的兴趣——种种外部因素都在瓜分着沂源苹果的消费市场。2020年，沂源苹果的价格更是跌到了谷底，几角钱的产地销售价格还不够支付生产成本。

面对困境，沂源的果业展开了新一轮的自救与改革探索。

2020年10月，在整个淄博市与阿里云共同打造"数字农业"的大背景下，沂源县的部分苹果种植基地找到了阿里云，寻求数字农业平台的技术支持，山东中以现代智慧农业有限公司（以下简称"山东中以"）就是其中的一家。

## 直面问题

中以智慧果园由山东中以于2015年开始建设，位于山东省沂源县南麻镇沟泉村，总占地面积1000亩，其中智慧果园500亩，配套了以色列水肥一体技术设备、网室保护栽培系统、果园机械化作业、农业物联网管理系统等先进技术体系，生产管理成本较传统果园下降40%左右。

对于沂源农业现存的问题，山东中以负责人张伟和阿里云山东区域行业总监丁磊有着极其清醒的认知。在他们看来，沂源农业在产前、产中、产后三个环节，都有着诸多亟待解决的问题。

首先在"产前"，需要解决人的意愿问题。

"现在农村里的从业者大都是60岁以上的老人，如果还是以传统的方式进行农业生产，年轻人大多是不感兴趣的。"丁磊说道。

除了老龄化程度加剧以外，如何通过农事数字化等手段，倒逼乡村地区进行人才升级，提升当地年轻人的教育程度与农事水平，也是沂源等农业发展地区需要思考的问题。

根据第三次全国农业普查主要数据公报，全国农业生产经营人员接受过高中或中专教育的只有7.1%，接受过大专及以上教育的只有1.2%。农村劳动力人口受教育水平整体偏低，因此，解决谁来种地、如何种地的问题尤为重要。在丁磊看来，要利用技术改变原先农业生产管理的方式，这样既能提高生产作业的效率，也能给年轻人从事农业生产增添新的乐趣，依次打通年轻人进入农业的新通道。

其次在"产中"，要解决经验的传承问题，这也是农业领域对数字化的另一刚需所在。

以沂源当地的传统果业生产来说，大部分的农业落地操作，还是依靠人的经验口口相传，比如打农药植保，有经验的农民会根据节气、作物叶片生长情况、现有虫害程度，去判断该不该打药、打什么药、打多少剂量；再比如灌溉浇水，有经验的农民会预判天气，还会用铁锹铲一抔土，观察土壤的干燥度，来决定浇灌的节点和总量。

这种用原始的判断标准来指导决策和生产计划的行为，一方面带着极强的主观色彩，即使是两位都极富经验的农民，对于打药、灌溉的安排也会有差异，而没有经验的农民，就只能"干瞪眼"；另一方面，这种判断方式极为仰仗个人的主观思考，不论是观察叶片还是土壤，都需要人主动去实践，在农事管理上缺乏效率。

因此，在"产中"环节，引入种种数字化设备，对于沂源当地的农业果业建设来说，就变得尤为重要。

"我们需要引入信息化和智能化，通过视觉技术来判断虫子的类别和密度，提前采取虫情防控；再通过在土壤里安装传感器，去判断土壤墒情的临界值、叶片颜色的改变、果实生长的速率等指标，再按照具体数值精准决定是否施肥、灌溉，而不是靠人去铲土、扒叶子。"张伟说道。

市场教育也是沂源当地数字化推广中面临的阻碍。丁磊发现，在阿里云与沂源合作的众多数字化项目中，如何让农民习惯用"数字化"的方式重新完成农事安排，是个不小的挑战。

拿农事任务下发这个场景来说，之前的方式是靠包工头这类角色进行人工分配，现在则可以通过钉钉来管理人事安排与农事进展，但不少农民使用智能手机的能力有限，如果需要在钉钉上沟通农事任务，农民会觉得烦琐，甚至会萌生一定的抵触情绪。

"农民会不理解，他们觉得需要干什么活说一句就行了，还要通过软件下达，干完活还要拍照反馈，太麻烦了。"丁磊说道。

最后是"产后"，也就是苹果的销售，更是当地农民最紧迫的需求。

正如前文所述，由于产品问题，加之后期的销售渠道单一（大部分是直接卖给水果经销商），对消费者的需求变化感知不强，种种原因，造成了销量下滑的局面。

"产得好更要卖得好，产后的需求对于所有农业种植者来说，都是最关心的问题。"丁磊说道，"数字化年年都提，可很多农民仍然觉得，这件事离他们很遥远。"

## 对症下药

如今，当你走进沂源县南麻镇沟泉村的中以智慧果园，身侧的苹果树昂首挺立在金黄的土壤中，硕大的苹果娇艳欲滴，可在一片生机勃勃的果园景象中，却找不到一个果农。

"平时我们的员工都在屋内，基本不用到果园里，无论浇水还是施肥，我们全程实现了数字化管理。"张伟回答了笔者的这一疑问，并介绍了果园土地中的一个秘密武器：一根探针。这根探针上安装有传感器，可以将土壤的温度、湿度实时传到果园管理者的手机上，如果提前调节了相应的指标阈值，还可以随时自动进行灌溉，还能通过仪器自动识别虫害，实现了足不出户管理果园的目的。

还不止这些，自山东中以与阿里云合作落定后，双方围绕农业生产数字化能力，在各个环节展开了多项探索。

在产前的"经验数字化"环节，不论是山东中以还是阿里云，都希望农业数字化不仅仅停留在施肥、灌溉等单项类目中，而是通过数字化、智慧化的系统，将传统农业生产进行统一的智能化管理，通过标准化系统提供云计算的分析决策，以达到降低生产成本的目的。

因此，除了给园区配备虫情测报灯、土壤温湿盐传感器、土壤 pH 传感器等监测预警设备外，阿里云还对园区内的虫体、土壤温度、湿度、盐分、pH 值进行数据采集，并上传至园区物联网信息中心。此外，园区还配备气象站，根据基地所在位置气象台发布的气象信息，将阴晴、气温、风力风向、降雨等数据进行收集。

智能化设备的落地在效果上立竿见影，农民不必在虫害、干旱等问题出现后再去补救，而是在问题出现之前，就得以根据监测系统的提醒进行提前防治，这对于没有太多农业种植经验的年轻人来说，是一种经验沉淀的新思路。

举例来说，以往农民对于冰雹等天气灾害的预测，大多通过天气预报或者本地局域数据监测，再根据经验判断是否要人为提前打开防护网；而现在，果园内的遮网与气候监测设备完成了连接，在气候预警系统发出警报后,防护网会在冰雹、暴雨等自然现象发生之前自动打开。

人的经验也得以在系统中被复制。农村往往地广人稀,过去在多个果园之间,要想互通农事管理信息,可能需要管理人员在多个园区之间来回奔波,依靠实地观察判断农事作业的情况。现在通过钉钉这样的应用平台,管理人员可以迅速获知各个园区的喷水、灌溉、打农药等农事情况,还可以将农务进度和事项安排推送给农户,大大提升了农事效率。

目前,在农事管理的指令化上,山东中以园区内的农事生产操作均能通过无线指令,实现水肥管理自动化和督导基地人员进行病虫草害的防控操作,将园区内人、物、信息进行全面感知和互联互通,创造了"手机种地"的新模式。

另外,随着钉钉应用的落地与效果显现,农民们也都尝到了甜头,前文谈到的农民有抵触情绪的问题也迎刃而解。

对于村民来说,以前的农事安排往往通过电话、面对面交谈进行,但这极有可能出现事务遗忘、安排有误等状况,造成农民务工报酬出现损失;而对于管理者来说,由于农民务工的单次规模大、流动性强,往往需要应对几十人的事务安排,管理效率也需要合适的工具来提升。

而在使用钉钉平台后,农民务工的农事安排都可以沉淀在应用平台上,方便了之后的信息留存与回溯;而对于管理者,钉钉则可以自动将几十人的农事安排便捷地汇总成表格,还能将往年的农务数据沉淀下来,便于对其他园区的农务进行指导。

"通过作物品种的模型抽象、农技知识共创以及农业物联网设备的对接,我们可以沉淀出自己的数字农场应用;之后再面向更多农业基地,把这一套数字化能力、产品、服务进行复制和推广。"丁磊谈道。

在依次解决了"产前""产中"的问题之后,对于农民最关心的苹果销售,阿里也提供了多项支持与帮助。

2020年，阿里巴巴数字农业流通网络初步建成，位于山东、陕西、四川等农产品主产区的近百个产地仓投用，并与遍布全国各城市的销地仓、淘宝天猫、盒马、大润发等线上线下零售渠道形成数字化的仓配矩阵和分销网络，一年可将100万吨生鲜农产品直供全国餐桌。

张伟也谈到，阿里云的技术人员除了在为果园的数字化赋能提供深度服务以外，还在积极联动淘宝、盒马等业务，在农业产地仓、销售渠道方面进行对接。"这其实已经超出了阿里云原有的工作范围，他们通过数字化把我们产业的产前、产中、产后等问题都考虑得非常周到。"

授人以鱼，不如授人以渔。在经验的复制和大规模推广上，阿里云也与沂源当地建立了数字农业产业服务平台，还联合了各类农业学院、协会、农科院等机构，定期举办经验交流活动，借此进行专家诊断答疑、新农人培训，打通了年轻人进入农业的通道。

这种技术的传承已然发生，以山东中以来说，在通过建设苹果产业链大数据，建立生产、农事、农情、储运、销售等环节的数据挖掘和分析服务模型后，中以也形成了自己的一套推广服务模式，旨在推进传统果园数字化改造，形成可复制易推广的数字果园管理新模式。目前阿里巴巴已经在山东（包括淄博、德州、东营、潍坊、临沂）、河北、河南、山西、新疆等省、自治区承接整建制服务项目20余处，数字果园项目12处。

一部分新农人也如雨后春笋般在沂源涌现。

"原来一提到农业，就是面朝黄土背朝天。现在年轻人为什么愿意参与进来？因为他们既能够跟老师傅、老专家学习实际的农业种植经验，在农务操作上，也能摆脱传统的作业模式，通过信息化手段解决问题，所以这一代新农人，对于他们自己的身份，都是感觉骄傲的。"张伟说道。

# 数字乡村：
# 探索乡村治理新路径

## 峡江里的数字化需求

巴东，这座地处北纬30度、坐落于湖北恩施的县城，曾被誉为长江三峡黄金旅游线上的璀璨明珠，它有着"神农溪"这样鬼斧神工的自然景观，自古享有"山川险胜甲荆南"的美誉。

险峻的峡江风貌造就了巴东的壮观景致，也让这里成了沟壑纵横、地广人稀的险境，一条条小路艰难地延伸在翠绿的山峦间，老百姓的日常出行极为不便，要想从山里去镇上，开车要在蜿蜒的山路上行驶两个多小时。

张力对老百姓的办事难深有感触，他是巴东县公安局溪丘湾派出所教导员。"老百姓办理户政业务，要拿着户口本来乡镇一级的便民服务大厅，提交相关手续后，还要再去县里办，今天没办成，就要多住一天，这就无形中增加了办事成本。"

一次偶然的机会，一位巴东的县领导接触到了钉钉，开始在巴东县进行试点。而段官兵就是负责巴东数字政务建设的总工程师。

"目前我们通过钉钉基本告别了到处找人签字的情况，让我们政务办公的流程更优化，效率也更高。"段官兵说道。

巴东县公安局很早就进行了试点，2017年就启用钉钉进行行政审批。

如今,老百姓只需坐在家里,用手机发送信息,政府部门接收到信息之后,在手机上进行操作,让老百姓只跑一次就能把事情办妥。

据不完全统计,仅2018—2019年两年的时间,巴东政府给企业和老百姓节约直接经济成本约800万元,这还不包括时间成本。

巴东县的蔡家村,山高路远,地广人稀。村里的书记老杨说:"以前每次入户走访摸排、去政府办事开会,都要在山里兜兜转转一大圈,精力全耗在路上了,现在用钉钉,终于不用跑断腿了!"

不只是老百姓办事难,政府机关各职能部门之间,也有协同不畅的问题。

一些简单的场景就足以说明。因为"组织不在线",巴东县有一万多名公职人员,遇到突发状况需要联络某位干部,往往要辗转多个人才能获取到联络方式;平日里遇到紧要事务,需要干部跨村镇开会商讨,还要驱车几小时从大山里前往目的地。还有"协同不在线":如果领导外出不在办公室,下属的报备、审批等就无法获得及时反馈。

巴东县每年的各项会议,资料沉淀下来特别多。工作人员小张说:"以前的纸张复印费、打印费高得吓人,开会前发现有问题,材料需要全部重印,成本特别高。现在,钉钉把'无纸化办公'带来了!"

距离造成的沟通协作难题,在2020年的疫情来袭后,变得更加凸显。

2020年2月,随着湖北多个城市乡镇接连"封城",巴东日常的教育教学工作也近乎停滞,为了尽快开展常规教学工作,线下课程只能临时迁移至湖北省教育云平台,可由于并发流量过大,线上教学平台经常出现卡顿、掉线的情况,几万名老师、学生面临"无学可上、无课可教"的窘境。

防控疫情千钧一发,原先异地办公的协作不畅问题也被放大了,如果还是和往常一样,连开会都需要数小时的奔波才能共享信息,对于紧迫至"秒"级的防控需求来说完全无法响应。

还有一些疫情衍生的专有协同场景：疫情防控期间，各个村镇、公共场所等都设有卡点进行管理，如果有人员出现不在岗的情况，会让疫情防控出现管理和排查漏洞，因此需要对整个疫情防控执勤点人员进行排班、考勤的定点管理——这些都对协同办公的数字化提出了更高要求。

## 7个人，两个月

时至今日，荆州宏胜科技股份有限公司总经理刘国胜还记得三年前去往巴东的那段路程。

2019年11月，巴东县与阿里钉钉联合成立"智慧巴东"建设工作领导小组，在全县升级钉钉为统一的数字化办公平台，以加强政务系统内部的沟通、协作效率，提升全县政务数字化办公水平。

这项任务落在了刘国胜的肩上，作为钉钉在湖北地区的指定服务商，刘国胜先从荆州坐高铁到巴东站，再坐中巴车前往巴东县城。

几十公里的路程，刘国胜和钉钉一行人光是等车就花费了近一小时，中巴车又开了近两个小时："因为是在大山里面，路一点点盘哪、绕哇，很不好走。"

路程虽漫长，但巴东的领导班子给了刘国胜不少信心。

迎接刘国胜一行人的，是时任巴东县县长郭玲（现为湖北省咸丰县委书记），刘国胜清楚地记得，第一次汇报方案时，郭县长明确地表达了支持，还安排了专门的干部跟进后续的调研和项目落地。

"巴东领导看中的，是钉钉作为底层操作系统，可以成为一个智慧城市的数据平台，这是钉钉非常强大的平台能力。"刘国胜回忆道。

得到了县领导的肯定后，刘国胜带领团队开始了紧锣密鼓的系统搭建工作。在初期的规划中，巴东县将依托钉钉作为即时通信平台，发挥钉钉在互联网经济领域立体化的发展优势，运用云计算、大数据、移动支付等互联网技术，在数字化政务办公、数字乡村、税企服务智能平台、未来社区、智慧教育、智慧医疗、基层人民学习平台开展合作。

"组织在线"是巴东县从上至下都亟须解决的核心课题，这里的"组织"，不仅指巴东县政府的职能部门人员，还有巴东县、乡镇、村的居民。因此，钉钉首先需要打通政府的"人财物事"等运营环节，打造数字化办公平台；还要建设县、乡镇、村一体化平台，在钉钉上实现县、乡镇、村的组织协同与管理、政府政策高效宣导、农民精准的在线培训学习等。

刘国胜记得，当时他们有七位同事，为了完成巴东县的深层次系统部署，花费了两个多月的时间，几乎以每周往返的频率，在巴东的政府单位、学校、教育局、医疗系统辗转，进行全行业的数字化覆盖。

功夫不负有心人。辛劳奔波换来的，是巴东数字化战略的大步推进。如今，巴东县内共有 100 个县直部门和单位、20000 名公职人员在钉钉上协同办公。

"以前在传统的方式下找不到对接人，现在我们通过数字化手段，让百姓与政府之间形成无缝对接。这也减轻了基层治理的难度。"刘国胜说道。

数字化的价值也清晰地体现在政府部门日常的办公流程中。段官兵刚开始接触钉钉时发现，通过钉钉能迅速找到组织架构中的任何一个人员，到后期发现所有的工作记录都能保存在云端，能随时找到以前所有的工作资料，所有收集来的信息也可以一键统计汇总，而且可以多人同步在线编辑，因此他们越来越喜欢通过钉钉来办公。

"现在我更喜欢钉钉的那种开放融合的能力，我们想把钉钉作为巴东县政务办公的一个基础平台，其他所有的工作我们都会逐步与钉钉完成对接。"段官兵说。

疫情之下，钉钉更是给巴东的疫情防控带去了助力。巴东官渡口镇蔡家村驻村第一书记杨平回忆说，在正月初七的晚上接到村民电话，家里有人发烧。由于这个村子比较偏僻，到镇医院可能要一个多小时。而通过钉钉系统上传信息之后几分钟，指挥部就把相关车辆安排好了。

教育行业的方案落地则是巴东数字战略的一大亮点。在刘国胜团队跑遍了巴东县近百所学校后，共计有近6000名教育系统工作者实现了钉钉在线，这就完成了教育系统的行政办公架构。随后，通过老师与学生、家长的家校联动，以学生家庭为主的家校板块也逐步形成，老师可以在钉钉内开展日常教学工作，学生可以使用父母长辈的手机，完成学习打卡、作业提交等动作。

而在疫情期间，为了恢复因为物理隔离停滞的巴东教学工作，刘国胜和团队还通过远程方式，给湖北17个区域的教育系统提供讲解支持，其中就包括巴东。

因为刘国胜团队和钉钉的"双重保障"，不少老师在得以继续教学工作后，对刘国胜表示了感激之情。"这个时候还是很有自豪感的。"刘国胜回忆道，"如果能在这个时代通过技术的力量，实现真正意义上的教育普惠，我们能做到什么，都会尽力去做。"

山沟沟孵化了新思路，百姓办事更便捷了，政府的政务工作也更得心应手了。钉钉，用数字化让小乡村生长出大智慧。

## 浙江小镇变成了数字化"网红"

和湖北巴东相比，浙江临浦的乡村数字化转型过程有着更广泛的参考意义。

临浦镇位于浙江杭州南部，镇域面积42.48平方公里，下辖14个社区、20 个行政村。从数据来看，临浦的特点有"三多"：

常住人口多：现有户籍人口 5.6 万人，外来人口 4.2 万人。

活动单位多：拥有规上企业 108 家，规下企业 613 家，个体工商户 4450 家，公复场所 182 家，物业单位 7 家，学校 18 家。

群众诉求多：年均受理信访 1930 件次，"四个平台"年均事件处置 3.2 万件次，年均发生警情 5000 余件。

可以说，虽然没有巴东的天险地形与壮观风貌，但临浦的山清水秀与静谧的村镇景象，以及其中展现的社会、人口结构，最能代表中国广大村镇的数字化场景需求。

临浦原来只是浦阳江边一个默默无闻的小镇，近期却成了吸引各路媒体围观的"网红镇"。

引发媒体围观的，是临浦的种种数字化建设案例。在临浦，村民们几乎人人都会用一个名为"临云智"的 App，它由钉钉和临浦合作开发，村里的大事小事麻烦事，以及过去不知道找谁办的事、拖很久都办不了的事，通过"临云智"里的"你钉我办"功能，都能立刻找到村干部解决。

而在使用"临云智"以后，村民参与村中事务的积极性也被调动起来了。

临浦镇通二村每天晚上都有一场这样的平安巡逻：一名村干部带着四名村民，走遍村里大大小小的角落。事实上，这样的巡逻以前也发动过，但是老百姓不知道有没有真的巡逻过，因此村民参与的积极性都不高。

而在用了钉钉系统后，参与巡防的村民每晚会把巡防记录晒在村里的公开群里，这样村里的老百姓就都知道，今天是哪四户人家去巡夜了，这也潜移默化地影响了更多的村民积极主动地参与夜间巡逻。

除了办事，村民还可以在"临云智"里加入各种圈子，发布找工作、租房子等供需信息，互相帮助。

但在"临云智"落地之前，临浦的政务管理、民情处理也存在诸多问题。

"用钉钉之前，我们临浦镇的平安创建工作，在整个萧山区是偏落后的。一是信息沟通问题，二是镇村干部的办事效率问题，还有就是群众的参与度问题。"临浦镇镇长丁裕说道。

"警民联动"是当时临浦政务管理中的一大痛点。自2017年开始，浙江省在村务治理中提出"网格"概念，每个自然村为一个网格区域，每个网格会配有1~3名网格员。以临浦为例，其下辖34个村、社区，相应的网格有71个，配备的网格员至少有140名。

可即使这样规模的辅警力量，很多时候也无法第一时间解决老百姓的需求，而在老百姓眼中，"及时性"是他们最看重的。

事实上，村镇里大多数老百姓上报的事件，都是日常生活中的常见状况，比如家门口道路破损、有积水，家里停水电，路灯坏了，井盖破了……但如果村干部反馈不及时，甚至没有反馈，百姓的怨言和怒气就会累积，久而久之，对村镇治理、警民联动的推进都会产生负面影响。

"我们的初衷是想为老百姓增加一个反映问题的渠道，同时约束村干部对百姓反馈问题更加及时有效地处置，减少百姓对政府部门的偏见和抱怨，拉近与百姓之间的距离。"临浦镇数智建设专班办公室主任张琦谈道。

为此，"临云智"重点推广了"你钉我办"功能。举个例子，临浦镇里的房东想要申报流动人口信息，可以在钉钉上一键叫来网格员，这种过去要到处奔走的事，现在坐在家里用钉钉就能直接申办，最多只跑一次。

产品功能有了，但"你钉我办"还需要政府干部的及时响应。临浦镇要求网格员一旦在钉钉后台接到老百姓反馈的问题，除非有特殊情况，必须在 12 个小时内解决完毕。

临浦镇通二村村民金国美说道："以前有路灯坏了，都要找村干部，现在的'你钉我办'就很方便，（在系统里）提交一下，就有村干部来解决。"

2021 年上半年，临浦镇共收到老百姓发上来的"你钉我办"事件 957 例，90% 以上都在 12 小时内解决了。"'你钉我办'这个功能，让老百姓人人都是监督员，人人都是网格员，全村两三千名老百姓都能来帮你解决问题。"丁裕说道。

## 乡村数字化的"先苦后甜"

在对巴东、临浦的调研中，笔者发现这两地虽然在自然环境、社会人文、经济发展等方面有诸多差异，但在数字化改革的推进中，也显现出不少相似之处。

不管是巴东的"百姓通"还是临浦的"临云智"，在二者的推进过程中，相关工作人员都遇到了一定的阻力：不少村民都很不理解，为什么沿用数十年的口口相传、村口广播、黑板报通知，要改成在一部手机里看 App，特别是对于部分文化水平不高的村民来说，使用手机进行移动处理信息的方式则更加复杂不便。

为了让村民理解信息化的好处，阿里钉钉派出了相当人手前往村镇，向当地村民普及应用安装、功能使用的常识和成果，鼓励村民参与村务治理。在"临云智"中，有专门的积分商城，村民参与村中事务、观看教育视频都可以在 App 中得到相应积分，有了积分后，村民可以去居委会凭积分兑换柴米油盐等日用百货品，这也大大提高了村民对政务的参与度。

此外,让村民及时看到使用数字化工具的良好反馈,也是推进数字化战略的有效手段。

对巴东百姓来说,他们有了专属的钉钉应用"百姓通"后,只需点开钉钉下方"百姓通"的工作台,通知公告、应急管理等常见功能一应俱全,平时遇到的难事、麻烦事,只需要在钉钉上传信息,就会有专门的网格员、办事员联络解决,再也不用为一点小事在村—镇—县的山路中辗转奔波。

而在临浦所在的杭州萧山地区,由于村民普遍较为富裕,电信诈骗案件时有发生,针对这一情况,当地干部组织村民自己拍摄了反诈宣传影片,村民可以在手机中观看。由于影片主题接地气、简洁明了,每条影片在村民中的已读率可以达到80%~90%。

目前临浦全镇用上钉钉系统的人已经超过5万户,镇上的"平安三率"明显提升,满意率提高了2.4%,参与率提高了32.2%,知晓率提高了36.9%。

除了乡村治理数字化的探索,临浦镇横一村作为阿里重点打造的未来乡村样板,在阿里数字乡村的牵头下,从治理侧、服务侧、产业侧全面推进乡村振兴:基于菜鸟驿站搭建"临里驿"数字化服务站点,以便民服务为切入口,构建有创新、适老化的服务体系;基于高德地图搭建"横一数字乡村一键智慧游",为横一村吸引来了大量城市流量的同时,也通过数字化服务积攒良好口碑;游览之余,游客通过分享基于达摩院人脸识别技术生成的短视频,形成社交裂变,每一位村民和游客都可以成为横一村的代言人。

而在未来,临浦的"临云智"也将逐步从"治理"转为"服务"属性。比如搭建"平安学堂"栏目,从反诈骗、禁毒、消防等多个角度发布教育视频；还有"生活体验"栏目，比如邻里之间的日用品共享、鼓励全民运动的健身步数积分换礼等，都是数字乡镇战略规划的延伸。

"小事不用出村，大事不用出镇。"如今，这已是临浦镇的日常。借助钉钉，临浦镇实现了数字化的治理，让百姓无论何时何地办事都能找到人、找对人。这是临浦故事，也是数字新基建的良好体现。

## 从源头到龙头：
## 上海城投水务的"云水交融"实践

"现在自来水的水质更好了，交费、报修都可以在手机上搞定，连家里是不是漏水了我都知道，比以前省事多了。"家住上海黄浦区春江小区的李女士打开手机，对着"上海供水"App 称赞不已。在这个 App 上，李女士可以足不出户完成水费缴纳、故障报修等事项，还能实时看到家里的自来水水质状况以及用水量，用水量超出正常值还会自动提醒。

黄浦示范区是上海市的智慧供水示范区，水务智慧化工程走在全国前列，市民对"上海供水"App 这样的新潮科技十分欢迎。

许多人记忆里的自来水都带有一股消毒水的味道。判断当天水质的标准，就是闻一闻消毒水的味道重不重。而现在，自来水水质指数作为一项可以实时监测的数值，能够以直观的形式呈现在市民们的手机上。实现这种转变的"上海供水"App，是上海城投水务集团联合阿里云打造的水务大协同平台对接市民服务的拓展和延伸。

上海城投水务集团成立于 2014 年，是专业从事城市水务基础设施投资、建设、运营管理的大型国有企业集团。作为民生保障的基础行业，上海城投水务集团积极运用大数据、云计算、人工智能等技术为供水工作赋能。2019 年，上海城投水务集团与阿里云达成合作，助力上海城投水务集团走上数字化、智慧化转型道路。目前，上海城投水务大协同平台已在黄浦示范区落地运行。

2021年10月底，上海城投水务大协同平台参加在北京展览馆举办的国家"十三五"科技成就展，获得了水体污染控制与治理重大专项办公室的通报表扬。

## 从源头到龙头的水务变革

上海城投水务的历史，可以追溯到1883年开始供水的杨树浦水厂和1902年成立的南市水厂，前者由英商创办，后者是上海第一个由中国人开办的自来水厂。以这两座百年水厂为基础，绵延至今的上海城投水务已是一个有着近140年历史的老字号，共计管理18座自来水厂，是全国单体城市综合水处理能力最大的企业之一，其供水服务面积约1710平方公里，直径75毫米及以上的自来水管线长度约有1.83万公里。

上海城投水务副总工程师说，上海本身的城市地位，以及水务在民生保障中的重要性，要求上海城投水务的数字化建设必须以国家级乃至世界级的高标准来衡量。

2019年，上海城投水务和阿里云展开合作，共同寻找提升供水管理效率和服务水平的道路。在这一过程中，双方都感受到对于这样一家在供水行业扎根百年，同时业务范围极广的老企业来说，数字化转型不是一件简单的事。阿里云项目建设组负责人认为："水务的很多东西还是非常传统，比如很多设备不能说换就换，牵一发动全身。"

为探索转型方向，上海城投水务设立了黄浦示范区，尝试创新工作模式和方法，同时积累经验。双方深入分析了示范区中包含的三大要素，即"水""厂""人"，从中挖掘出水务行业存在的问题。

首先，整个供水管网存在巡检效率较低、管道漏损难定位、设备维护成本高等问题；其次，水厂制水过程中加药配比需要依靠人工经验把握平衡；最后，服务过程中存在缴费服务烦琐、客诉处理过程长、服务不够主动等问题。

明确了问题，就好对症下药。经过一段时间的探讨，双方梳理出水务工作的核心战略和业务价值点：一是做好水的品质把控，二是在供水的服务层面继续深化。这也是上海城投水务数字化转型的重要突破口。

由此，上海城投水务把数字化建设的目标确定为：水厂运行智慧化、供水调度智能化、水质保障终端化、管网运行预警化、供水服务精准化。

其中，水厂关系着水的源头，而供水服务的终端则是居民家中的龙头。因此，水务的智慧化和数字化转型，实际上是一次从源头到龙头的全链条服务体系革新。

## 以人为本的水服务

上海黄浦区的春江小区和龙华小区是最先感受到数字化力量的两个小区。

在黄浦供水示范区建设之初，上海城投水务把这两个小区纳入了智慧供水示范小区的范围，做了一系列努力来达成"水质保障终端化"的目标。目前，在春江小区和龙华小区，龙头中流淌出的自来水水龄控制在 24 个小时以内，高层水箱水龄基本能控制在 7~8 小时，居民们用上了当天新鲜的自来水。

所谓水龄，是指自来水从出水厂经过管道到达用户水龙头的时间，水龄过长会导致水中的余氯含量衰减，失去对微生物的抑制作用，复杂的物理、化学反应也会导致水质的下降。因此，水龄控制得当，可以保持水的新鲜度，控制不当则会让 100 分的水降到 60 分，甚至不合格。

令水龙头水质从过去的"安全达标"提升至"新鲜优质"的，是上海城投水务为小区改造的智慧泵房。上海城投水务不仅更新了泵房管道，还加装了传感设备，可以通过在线水质监测系统24小时监控泵房出水水质，一旦发生设备故障或水质异常，可以第一时间向服务团队发送报警信息，及时处理。

和智慧泵房配套的，是2021年8月6日上线的"上海供水"App，这是上海城投水务推出的官方移动端应用，可以给市民提供账户管理、查询缴费、居民过户、居民实名制登记、营业厅查询、供水资讯等19项自来水服务功能，基本实现了供水业务全覆盖，打通供水服务的"最后一公里"。

"上海供水"App将过去在线下才能完成的服务场景搬到了线上。例如，小区水箱一般会定期清洗，每当此时，小区都将"停水通知"张贴在楼道，但这种传统的广而告之的形式很容易被居民们忽略。现在，通过App上的"水箱/水池清洗计划"特色服务订阅功能，示范区内的部分市民可"点对点"地提前3天查询清洗计划，其他原因导致的通知，也会及时出现在App上。

在黄浦示范区内，上海城投水务尝试了更深广的数字化服务，不仅在App上提供普通的缴费等服务，还在"服务"模块中提供了专属订阅服务。示范区内的部分居民打开App，就能通过"用水情况"模块直接查看自家最近15天的动态日用水量，轻松了解用水情况。另外，系统还可以为家庭设立用水"预警线"，连续7天超过预警线，系统会以站内短信的方式提醒，实现提前报警、提前干预、提前处置。"如用水量异常，通过系统报警推送，用户就知道家中用水超过日常预警线，就会查看家里水管是不是有问题。"上海城投水务副总工程师解释道。

这一数字化服务能力还被运用在独居老人关怀上。比如，独居老人在家最怕的就是意外情况，而查看用水量就是了解老人安全情况的一个重要手段。如果老人平常每天都用水，但今天一点用水迹象都没有，系统就会通知街道工作人员上门查看情况。

在上线后的半年多里，系统一共发出了32次老人关怀预警，虽然最终是虚惊一场，但这样的"狼来了"才是最好的消息。

近几年，上海对于供水行业的数字化规划层层递进。根据《上海市供水规划（2017—2035年）》，到2035年，上海将建成"节水优先、安全优质、智慧低碳、服务高效"的供水系统。这表明水务的智慧化转型还有更广阔的空间。上海城投水务很清楚，要实现高水平的数字化转型，仅仅在居民的水龙头上做改进还远远不够，必须在更顶层的设计思想上做出改变。

## "云"与水的交融

2021年11月，在春江小区和龙华小区实现智慧供水约一年后，南市水厂上线了上海首个数字孪生水厂系统。作为水务大协同平台中的重要支撑部分，数字水厂将整个南市水厂搬到了"云"上。

利用虚拟现实技术，上海城投水务对南市水厂的构筑物、生产设备、管路系统实现了1∶1的三维数字孪生，复制了一个"云上水厂"。所有的生产业务数据、水质监测数据、物联感知数据等多维实时动态数据，完全与现实工厂同步。

对水厂数据的全局感知是第一步，同时也为打破业务和数据壁垒提供了基础。

在水务系统内，各板块都有自己的需求，同时也有不同的局限，板块之间的协同是一件麻烦事。

在管网出现压力异常时，尤其是突发爆管后，会牵涉阀门队、管理所、现场维护队、客户服务等众多部门，只有通过板块数据集成和共享，打破业务数据壁垒，让数据跑起来，才能达到进一步协同的目标和效果。

这是一项"笨"功夫。供水行业包含五个环节——原、制、供、排、污，指的是原水、制水、供水、排水和污水处理，涉及居民用水和城市水处理，一期在整个链条上的业务数据指标接入超过 2000 个。阿里云从中梳理出 14 个大类、75 种事件类型，根据不同情况设置对应的处置预案，让每一项事件的处理都有据可循。

比如制水过程中加药配比难平衡的问题，现在可以通过技术手段解决。在制水时需要往水中添加混凝剂和消毒用的氯，过去往往是凭人工经验判断该加多少，难以精确把握添加量。智慧系统启用后，上海城投水务在制水时采用了水质评价指数体系和食品危害分析与关键点控制（HACCP）体系，使得水质变化情况能够动态展现，并且让预判水质变化趋势成为可能，能够从源头上保障自来水水质的稳定。

此外，供水服务的精准化也是上海城投水务的重要变革方向之一。利用大数据、物联网、人工智能、三维仿真、数据可视化等技术，南市水厂不仅可以清楚知道区域水质状况，还能全面掌握区域内供水概况。通过大数据判断，水厂能分析出 4 小时内的用水需求量，实时调整供水量。

在南市水厂的服务区域内，供水调度指令已经达到 100% 的自动执行率，出厂水服务压力绝对波动值小于 2 千帕，水厂能效运行模式下水库内存水液位波动值小于 0.2 米，实现了水厂进水跟着出厂水的动态自平衡。

从水厂源头到居民家中水龙头的整个链条，大协同平台刚刚开始发挥作用，而双方的合作还碰撞出了更多火花。项目建设组的期盼是上海城投水务能沉淀出一套数据资产，支撑业务流程和系统的迭代更新。

上海城投水务和阿里云联合提出了"能力中心"的概念。具体来说，就是将前端应用与中心服务分离、业务与服务能力分离、前后端分离、基础架构及组件云化。通过构建一个强大的数据中台作为指挥中心，提供开放、可升级的服务，前端的应用则是基于数据和业务能力的统一输出和展现，可以按需编排和组合。"就像是小孩子玩的乐高积木，有圆形的、柱形的、三角形的，想搭房子有搭房子的积木，想拼飞机也有拼飞机的积木，你可以在很短的时间内把你想要的业务场景配置出来。"项目建设组负责人解释道。

南市水厂的智慧能力，正是基于在水务大协同平台上构建的指标中心、事件中心这两个能力中心，通过设立事件处置的标准动作，缩短了反应时间，提高了处置效率。

在城投水务副总工程师的设想里，未来上海城投水务还要进一步拓展和延伸服务边界，参与到水环境、水治理一体化过程中，向着水务行业"原制供排污"全链条服务体系前进。

# 未来社区样本：
# 葛巷社区"无人治理"新探索

2019年7月，杭州"良渚古城遗址"被联合国教科文组织评定为世界文化遗产。评语是这样说的："良渚古城是人类文明发展史上最早期城市文明的杰出范例。"

"城市文明"是一个抽象的概念，如果试图具象勾勒出来，也许是城市居民井然有序、温暖有爱的生活场景。

5000年前，良渚先民在这片土地上过着养蚕采桑、穿麻织衣、耕作渔猎的"城市"生活。5000年后，这座城市正经历着最深入的数字化改造，城市肌体里各个组织、器官、细胞的活力进一步被激发。

浙江省2021年数字化改革的关键词之一是"未来社区"。省会杭州作为"数字之城"，几年前便已深入推进这项工作。

社区是城市管理中最小的单元。城市的智慧治理只有深入社区这一神经末梢，居民才会有更加真实的触感。

无人机"云上找碴儿"解决社区治理中违规乱停、占道经营等老大难问题；快递无人车、快递机器人把快递包裹配送到家门口；曾经被互联网遗忘的老年人，只要戴上智慧手环，就能在社区得到24小时居家式的医养服务；社区里的"云诊室"24小时营业，居民不用排队挂号，随时随地看医生；无人机配送药品；老年食堂刷脸就餐；24小时图书馆……杭州市余杭区仓前街道葛巷社区依托"未来社区"智慧管理平台，采用大数据、物联网、人工智能等技术,为社区治理装上"天眼",创新社区智慧化运营机制和集成化服务模式,不断提升社区服务保障,让居民切切实实享受到了数字化的社区生活。

## "三端互联"赋能社区治理

从 2019 年开始,阿里云战略客户业务专家谭伟就一头扎进葛巷社区数字化改造中,见证了葛巷未来社区从无到有的过程,"像见证自己孩子的成长一样"。

同样在 2019 年,浙江省公布了第一批未来社区项目,围绕未来邻里、教育、健康、创业、建筑、交通、能源、物业和治理九大场景,推进未来社区试点建设。

而浙江首批试点的未来社区都是以新建小区为主,存在建设周期长、成本高、可复制性不高等问题。阿里云联合仓前街道提出,以存量社区为基础,快速打造一个具有借鉴学习意义的未来社区新标杆。而葛巷作为典型的存量社区,基础设施较为完备,低成本的投入就能够看到大效果。

但未来社区试点建设都是"摸石头过河",全国范围内都没有可供参考借鉴的成熟范本。葛巷社区决定听听居民的意见,从葛巷社区的实际需求出发。

在进行了数十次的调研后,谭伟和工程师们收集了居民生活、街道治理、物业管理三方面的意见,率先对交通场景、治理场景、服务场景进行改造。

这一年,阿里云和仓前街道开始尝试对葛巷社区辖内的回迁安置房小区仓溢东苑进行数字化改造。到 2020 年 6 月改造完成后,仓溢东苑从一个老旧小区变身为安全、智能的五星社区，不少政府部门、地产公司都专门来参观学习。

葛巷未来社区的建设有两大核心，一是所有数据要上平台，设备之间互联互通；二是平台要跟"城市大脑"打通。

有了数据，云计算、物联网、人工智能等技术才能为社区治理服务。因此，葛巷社区首先需要做的，就是把所有设备层打通，门禁、车闸、摄像头、电梯梯控、电表水表等设备数据汇聚于未来社区智慧管理平台。

有了未来社区智慧管理平台，数字化的未来综合治理模式有了抓手，社区居民也能依托平台获得更好的生活服务体验。在平台上，未来社区九大场景的应用化改造也逐渐展开。

作为土生土长的葛巷村人，葛巷社区党委书记骆国华既是社区的行政服务人员，同时也是社区服务的体验者，对于这片土地的变化，有最深刻的感受。

骆国华发现，在社区数字化改造之前，最大的问题就是信息不对称。社区居民没有合适的平台表达需求，社区治理者也无从了解、解决问题。居民诉求和社区治理之间的信息传递是断裂的。

在未来社区智慧服务平台的统领下，居民移动端、物业钉钉端和社区驾驶端三端互联互通，实现了数字赋能社区治理和服务。

葛巷社区形象地称入驻未来社区的所有居民为"葛粉"。"葛粉"通过居民端小程序，使用维修服务、投诉表扬等功能模块，诉求可以即时反映在未来社区智慧管理平台上，居民侧和治理侧的信息实时共享。同时，居民使用"蓝交互""绿共享""粉拍拍"等功能，可以实现线上报名参加活动、闲置物品交换等，拥有了一个丰富多彩的"云上文化家园"。

## "无人治理服务"新体验

社区作为城市管理的最小单元，治理场景非常琐碎。葛巷社区居委会加上两名社工一共只有9名工作人员。9个人要对16000多人口和57.38公顷的空间进行精细化管理，似乎有点"异想天开"。

于是，葛巷未来社区根据居民需求构思打造了一个新型服务场景——无人治理服务。

跟很多年轻人一样，葛巷社区的方思翀最常用的是无人配送服务，他很享受动动手指机器人就把快递送到家门口的便利。

每年"双十一"过后，菜鸟驿站包裹"爆仓"已成为普遍现象。网购发达的地区，这种情况更明显。然而，身处"包邮区"的杭州余杭葛巷社区，已经连续三年出现"包裹不留天"的情况。

这得益于菜鸟驿站无人车、蚁人机器人等"日夜兼程"的配送服务。收件人只需要在手机上预定送货时间，无论何时何地，机器人都会在预定时间把包裹配送到门口，这不仅大幅提高了区域内快递的配送效率，更方便了早出晚归的上班族。

另外，葛巷社区与杭州无人机运行管理服务中心深度合作，开展无人机"云上找碴儿"，查找社区范围内违章搭建、道路破损、河道污染、违规乱停、占道经营等老大难问题。

对于电动车入户充电存在火灾安全隐患问题，葛巷率先实施了高层建筑电梯智能语音警告、梯门禁关梯控技术，在无人值守的情况下自动排除了电动车隐患，提升社区安全治理效能。

方思翀最喜欢的是走100米就能到的24小时图书馆，刷身份证就能进去借书学习。在图书馆里，方思翀经常碰见深夜还在图书馆借书、学习、考证、刷题的年轻人。

他是当地的"村里人",见证了这片土地从农村变城市、农民变居民、农田中商业大厦拔地而起、葛巷村改名葛巷社区又改造成未来社区的全过程。

## 近在身边的智慧医疗

在方思翀眼里,最具"未来感"的变化,是他家楼下那座 250 平方米的智慧健康站,配备了 24 小时云诊室、云药房,一站式解决居民医疗需求。

对于葛巷社区居民来说,看小病已经变得像下楼去银行 ATM 机取钱一样简单。只要带上医保卡,社区居民就能在"云诊室"找到医生看诊、拿药,甚至还能把药品配送到家。每周一到周五,还有两名仓前街道卫生服务中心的全科医生前来坐诊。

在余杭区卫健局、仓前街道、阿里云等多方合作下,葛巷社区智慧健康站把医疗服务从拥挤的大医院前置到居民楼下,打通了医保、物流、物联网等,推出医保报销、移动转诊、远程挂号、基础检查、药品配送等服务,实现了数字家医"一联到家"。

智慧健康站的一面墙上挂着一块巨大的居民健康管理屏。日积月累沉淀下来的居民健康数据,通过大数据抓取、智能分析后,实时滚动呈现。

在居民健康管理系统的基础上,仓前街道智慧健康站通过智能手环把高血压、糖尿病"两慢病"人群管理起来,通过各个设备和场景监测到的健康数据,提供健康信息点对点精准推送、医养结合、慢性病监管等服务。

智慧健康站旁就是邻里中心,中心里有丰富的体育文娱活动,这也是戴继超老人和他的老伙伴们玩耍的地方。戴继超说,住在葛巷社区这三年,集文娱、学习、康养、就餐于一体的"未来居家养老服务中心"总是让他感受到老有所养的幸福感。

## 老有所养,大同小康

让戴继超感受在葛巷社区"老有所养"的原因,不仅是居家式养老服务中心、便利的医疗服务,最主要的是"社区的工作做得很扎实!他们会对残障人士、失能老人提供上门洗澡、上门送药、上门送快递等服务"。

葛巷社区辖内有两个回迁安置房小区,因此社区的常住人口中,老年人比例约占总人口的20%,远超联合国"65岁以上人口比例达到7%为老龄化社会"的标准。

只有9个工作人员的社区居委会,如何为老年人群体进行精细、扎实的服务?骆国华说,除了发动居民代表、志愿者和楼道长积极参与社区服务,主要还是依靠数字化技术降低社区治理的难度、提升治理效率,才能为居民提供更美好的居住体验。

为了形象地说明葛巷未来社区建设的成果,骆国华举了个例子:假设一名独居老人在家里病倒了,老人按下了家里的SOS紧急报警按钮,物业和社区可以即时收到信息。如果病人需要救护车,可以通过"城市大脑"给救护车进行正确的交通指引和一路绿灯通行。当救护车来到社区门口,车闸自动打开,电梯梯控刚好停在地下停车场那一层等着救护人员,到了病人家门口,蓝牙门锁自动打开,救护车用最快的速度把病人送达医院。

顺畅衔接的紧急救护行为背后,体现的就是未来社区的"人本化"管理,而数字化和生态化是工具。紧急救护的全过程离不开"城市大脑"

和未来社区智慧管理平台数据收集、互联互通、流程管理等数字化赋能，也离不开医疗、交通、物业、志愿者等周边生态的配合。

谭伟提到，阿里云和仓前街道建设葛巷未来社区的初衷之一，是希望把一个有创新、低成本、可复制的未来社区建设模式沉淀下来，为全省乃至全国的老旧社区提供一个人本化、数字化、生态化未来社区样板。

透过数字化改造带来的新技术、新场景、新体验，我们可以一窥未来社区宜居宜业、老有所养、大同小康的美好城市生活图景。

"老有所养、大同小康"均源于春秋战国时期流传下来的儒家思想，也是过去、现在和未来一脉相承的理想生活之光。在这片土地上，我们不仅创造了上下五千年的文明，也开始用数字技术探索未来人类社会城市文明的边角轮廓。

第三章

**科技强国,世界从北京冬奥看中国**

我们还记得 2008 年北京夏季奥运会开幕式那个夜晚。李宁从空中飞奔而来，点燃了奥运圣火，熊熊燃烧的火炬至今照亮着 13 亿中国人的回忆。

举办大型会展和赛事，对于举办城市和地区而言，究竟意味着什么？以前，这个答案是：这是一次城市能力再造的机会。

在信息化革命之前，奥运会的影响主要在于带来某个物理空间的优化和商品的普及。例如，1970 年的墨西哥世界杯使得墨西哥电视机普及率大幅提高，2008 年北京奥运会让北京城市面貌得以优化改造。

而在 2022 年北京冬奥会，我们可以看到一场核心系统百分之百上云、彻底数字化的奥运会，释放了巨大的数字化红利，除了惠及体育赛事、场馆、转播等相关的企业和行业，还给城市生活和空间带来数字化能力再造的机会。

北京作为举世无双的"双奥之城"，正在以最硬核的技术力量，打造一座全球数字城市标杆。

蓦然回首，从举世瞩目的盛事，到充满烟火气的市井生活，无处不见数字化、智能化的足迹。

## 来自北京奥组委的托付

"这其实是一个托付。"阿里云副总裁刘湘雯回忆道，是北京冬奥组委主动提出，要把 2022 年北京冬奥会核心系统全面上云。

北京冬奥组委作为本届冬奥会的主办方，更懂得奥运会应该向哪里发展，又是否有合适、成熟的技术可用。因此，才有了百年奥运首次核心系统全面上云的里程碑式变革。

刘湘雯觉得，这是一种托付，是一份沉甸甸的信任，也是重若泰山的责任。

这是百年奥运史上的一次历史性工程，也为未来的奥运上云沉淀实践经验，并推动其数字化进程。国际奥委会主席托马斯·巴赫表示，2022年北京冬奥会为奥运留下了全新的技术标准。

2022年北京冬奥会结束后，让各国运动员念念不忘的是各种"黑科技"：从场馆、赛事、后勤保障再到防疫，冬奥会的每一个细节都闪着科技之光。赛场数字孪生、超高速4K轨道摄像机系统"猎豹"、索道摄像系统技术"飞猫"、AI图像处理技术"时间切片"等被用于比赛场馆管理和赛事服务；机器人餐厅、智能遥控床、二维码点餐、无人快递车、无人驾驶车、5G+AI智慧高铁，"医食住行"等各方面的后勤保障被数智化技术覆盖。

这些"黑科技"，许多都离不开云计算、大数据、人工智能、5G通信技术等数字基础设施。在中国数字基建的支撑下，北京冬奥会使用的"黑科技"含量之高，甚至可以用"科幻"来形容。

多项数字技术的使用，让北京冬奥会不仅是运动员竞技的舞台、展现中国文化与自信的舞台，更是向世界展示中国科技自主创新能力的舞台。

奥运会与科技的关系十分密切，是前沿科技的练兵之地，也是高新科技从工用领域向更广泛的民用领域转化的试验场。有无数的科技在奥运会亮相后，"飞入寻常百姓家"。

## "双奥之城"的数字化标杆之路

北京冬奥会期间，如果你走在北京的街头，可能一抬头你就会从一块8K大屏上看到短道速滑、花样滑冰等比赛画面，比4K清晰4倍的超高清画面会让你有种置身比赛现场的错觉。

这是北京市用 5G 转播车＋8K 大屏提供的赛事转播服务，此外还有许多社区进行 8K 电视机示范应用，形成多层次大屏、中屏、小屏 8K 看冬奥的格局。在这些屏幕前，你总能看到驻足观看的北京人的身影。

你如果再细心留意，就会发现更多在首都生活的细枝末节处那些数字化的痕迹。

比如，面对交通拥堵这个难题，西城区基于 AI 智能体的"车道级"微观诊断评价模型，能通过车辆、路网、客流等海量全景数据，为交通治理提供直观依据；用物联网和云计算解决共享单车淤积、乱停放等问题，通过"5 分钟响应，30 分钟到达"的机制实现车辆智能调度，方便市民的出行。

近几年，北京市各个区陆续运用大数据、物联网、云计算等先进技术打造"城市大脑"，首都城市管理从过去依靠模糊的经验判断，转变为以数据分析为基础，治理和服务都变得更加精准有效且智慧。

北京冬奥会云上科技奥运的探索实践，更是让这座城市的数字化转型有了广阔的想象空间。

2022 年 2 月 11 日，冬奥会进入尾声，2022 北京新闻中心迎来了一场特别的发布会，北京全球数字经济标杆城市建设专场新闻发布会在此向中外记者介绍了北京市数字经济发展的情况。

2021 年 8 月，北京发布了加快建设全球数字经济标杆城市的实施方案。未来，北京将用 5～10 年时间打造中国数字经济发展"北京样板"、全球数字经济发展"北京标杆"。

北京市经济和信息化局副局长在发布会上表示："北京冬奥会，不但是一项体育赛事，也是一项数字科技创新与应用的大会。数字媒体、智能通信、人工智能、虚拟现实、数字孪生、智慧医疗、智慧交通、智慧城市等一系列科技成果，都会成为重要的、宝贵的奥运遗产，在赛后进一步推广应用，继续惠及每一个普通人。"①

冬奥会全方位展示了北京数字经济发展的科技成果以及"硬核"的数字经济基因。2021年，北京市数字经济增加值为1.6万亿元，占地区GDP比重达到40.4%，现价增速为13.1%；核心产业增加值为8900多亿元，增长16.4%，占地区GDP比重达到22.1%。其中，软件和信息服务业全年营业收入达到2.2万亿元，占全国比重达到25.7%，产业规模位列全国各省市之首。②

40.4%，22.1%，25.7%，透过这些数据，我们看到的是一个数字技术已经成为城市生活和经济发展引擎的数字北京。

北京的数字经济发展，是全球城市发展的风向标。双奥之城，数字北京，不仅仅是北京的名片，更是中国的名片。

数字冬奥、数字北京背后，我们看到的是一个正在拥抱数字化、努力实现科技强国的中国。

此次北京冬奥组委办公所在地是石景山首钢园，位于首钢园西北角的3号高炉，融汇了首钢人创造的200多项专利，是整个园区最震人心魄的"钢铁巨兽"。

如今，它已经从"功勋高炉"转变成后工业文化体育创意基地，也成为不少科技产品的全球首发之地，是见证首都城市复兴的新地标，也是中国科技力量崛起之地。

站在百米高的3号高炉底下仰望，仿佛还能看见当年火热的钢铁生

---

① 刘维佳,《数字经济助力北京2022冬奥会更加丰富多彩》,2022年2月11日。https://t.cj.sina.com.cn/articles/view/7517400647/1c0126e4705902r4fe?cre=tianyi&mod=pctech&loc=3&r=0&rfunc=65&tj=cxvertical_pc_tech&tr=12
② 曹政,《北京2022年冬奥会数字科技成果将在赛后推广应用》,2022年2月12日。http://www.bj.xinhuanet.com/2022-02/12/c_1128360000.htm

产场面。然而,传统工业时代已成历史烟云,看着在它底下穿梭的无人驾驶汽车、无人快递车,又分明看见数字化、智能化的未来,已经如浪潮一般涌到身边。

(本文整理自与阿里云副总裁刘湘雯的访谈)

# 云上冬奥：
# 数字技术革新百年奥运

  2022年2月4日，北京冬季奥运会开幕，奥运圣火再次点亮鸟巢上空。开幕式表演中，蒲公英的种子飞向全世界传递春的希望，来自全球各地的"雪花"又相聚于北京组成主火炬台，就像人类命运共同体相连接，守护那一炬文明的微火。烟花烂漫，那是发源于古希腊的奥运精神与长江黄河孕育了五千年的东方文明，在北京夜空交织而成的璀璨。

  现代奥林匹克运动会126年的历史也由此开始新的篇章——云上冬奥。2022年北京冬奥会是百年奥运首次实现核心系统全面上云，这是奥运科技创新的一个里程碑事件。

  核心系统百分百上云，意味着国际奥委会和北京冬奥组委把包括赛事成绩、组织管理、比赛转播等30多个系统全部从传统的物理服务器部署转变为云架构。以云为基础设施，北京冬奥会实现了云上赛事管理、云上转播、云上观赛，为全球贡献了一套云上绿色奥运、云上科技奥运的中国方案。

  2022年2月6日，国际奥委会主席巴赫通过阿里云聚（Cloud ME）向阿里巴巴董事局主席、CEO张勇"隔空"赠送冬奥火炬。在这场相隔1300公里的云上会面中，巴赫表示，北京冬奥会以前所未有的数字化水平，让更多人感受奥运文化与精彩，为奥运留下了全新的技术标准。"云上奥运，为奥运打开了一扇新的大门，为奥运书写新的历史。"

## 科技奥运里程碑：核心系统全面上云

作为阿里云国际业务团队的一员，范祎和她的同事们有很多珍藏于心的奥运故事。2021年是特别的一年，因为他们在短短一年里参与了两届奥运会的工作。

让范祎印象最深刻的是，东京奥运会开幕时，由于疫情原因，到现场的中国观众寥寥无几，而在东京奥组委技术中心"备战"的阿里云技术人员看到中国代表团入场时，所有人都自发起立鼓掌。至今想起，她依旧感觉心潮澎湃。

阿里云重大项目技术保障团队的工程师陈海涛，也参与了东京、北京两场奥运会的保障工作，并且成为北京冬奥会火炬手。陈海涛感慨最多的是东京和北京两场奥运会在"基建"上的变化，他说："此前每一届奥运会举办前的一两年，主办方都要把服务器等IT设备用集装箱跨海跨国地运到举办地，在集装箱里漂洋过海，再重新搭建、测试、使用，结束后又全部拆除。"

想起2008年北京奥运会300平方米的主数据中心在短暂使用半年后被拆除的场景，北京冬奥组委技术部部长喻红至今都感到惋惜。她坦言，当2009年第一次听到云服务时，"我看见了光"。

在筹办2022年北京冬奥会时，国际奥委会和北京冬奥组委主动提出，北京冬奥会要把核心系统全面上云。

核心系统百分百上云是一项历史性工程，包括赛事成绩、信息发布、运动员抵离、食宿、交通等信息系统全部迁移上云，为超过3.2万名运动员、志愿者、工作人员等冬奥相关工作人员提供服务，实现了统一门户、应用集成和数据集成。

运动员们在体育赛场上挑战极限，而对于筹办奥运、为赛事服务的人来说，要在绿色低碳、新冠疫情、严寒低温等限制条件下为全球观众呈现一场符合"简约、安全、精彩"办赛要求的冬奥会，这本身也是一种极限挑战。北京冬奥组委技术部信息处处长谷岩表示，北京冬奥会最大的挑战就是防疫需求下，各个环节和系统都需要根据防疫手册及时变动。

对于所有奥运相关人员而言，防疫手册是一个纲领性文件。2021年12月13日，最新版本的防疫手册出台。此时距离冬奥只剩下一个多月的时间，而技术人员还有测试赛、常规压力测试等任务，留给技术人员的时间非常有限。

"因为有云计算，我们可以弹性扩张计算资源，非常快速地对修改指令做出响应，满足最新防疫手册的信息技术需求。"谷岩表示。云计算让大规模的动员和操作行动有了更多的可能性。

从2017年成为国际奥委会全球合作伙伴开始，阿里云携手奥委会经历了奥运上云的全过程，奥运会与云技术的应用融合逐渐深入，从边缘系统到核心系统，从局部上云到全面上云，从基础服务到融合创新。

本次北京冬奥会不仅使用了阿里云的计算、存储、数据库等基础产品，还应用了云防火墙、云安全中心等60余款云产品，为各个核心系统提供了全生命周期的服务，成为北京冬奥会最坚实的技术后盾。

云技术在奥运会的广泛应用，为奥组委和各个合作伙伴极大降低了技术人员、硬件设施、运营维护等成本，简化了奥运业务系统的开发集成和部署流程，缩短了时间，丰富了用户体验。

## 以"云"为创新土壤

疫情之下，北京冬奥会被迫采取"闭环"防疫管理。运动员、志愿者、比赛场馆、技术人员等数万人都在闭环之中。与此同时，还有大量的媒体无法亲赴现场拍摄采访，大量的观众只能在电视机和手机前等待比赛的消息。

疫情、闭环、远隔山海……幸运的是，有中国科技力量为观众和海外媒体打破物理空间限制，呈上冰雪竞技运动的视觉盛宴。为了让全球观众零距离感受冰雪运动的魅力，2022年北京冬奥会先后测试和使用了200多项技术，涉及60多个细分应用场景。

体育竞技通常在高速运动中瞬间完成，即便在现场，也难以用肉眼捕捉那些精彩画面。这也是历届奥运会技术人员最想突破的技术极限。

北京冬奥赛场上出现了一种高自由度视角观赛的特效，也有人称之为"子弹时间"。通过现场几十部高清摄像头拍摄、传输上云，再由云端智能算法对多机位信号进行分析和3D建模，只需几十秒便能合成电影特效式画面，为千里之外的观众提供超慢动作、360度自由观看等视角。

2021年，云转播技术在东京奥运会上首次投入使用。在2022年北京冬奥会上，云转播技术进行了重大升级，实现了高清电视直播和网络渠道直播同时上云。全球1000多家转播媒体可以直接从云端获取直播赛事、精彩回放、制作特效特辑等4K/8K的赛事画面素材，通过云上编辑、传输、转播等技术，远在海外也能"一站式"采编播发。

比起平昌冬奥会，北京冬奥会极大减少了场地搭建、设备运输等消耗的人力物力，现场的转播人员减少了32%，转播中心面积缩小了20%，但转播内容却多出400小时。

相较于东京奥运会，北京冬奥会云上转播与AI、3D建模等技术结合更深，所产生的应用创新也更丰富。冬奥期间，AI云智剪共生产出39878段素材，覆盖超200场比赛。

开幕后的第四天，北京冬奥会创造了冬奥史上的最高收视率，全球超过 27 亿人参与了冬奥互动。奥运云转播向全球转播超过 6000 小时精彩内容，还为俄罗斯、巴西、墨西哥、日本等地电视台增设专属云网络通道，将时延降低 30%。

奥林匹克转播服务公司 CEO 伊阿尼斯·埃克萨克斯比表示，北京冬奥会通过阿里云向全球转播超过 6000 小时精彩内容，在转播时长、方式、收视等多方面，均打破了冬奥会转播的历史纪录。

举办大型会展和赛事，对于举办城市而言是一次城市能力再造的机会。

以体育场馆为例，在冬奥会筹备期间，技术人员通过数字孪生技术对比赛场馆进行数字建模，1∶1 复制和还原在云上。此后，这些场馆举办演唱会、展览、研讨会等活动，使用者可以根据数据模型进行拖拉拽的简单操作完成对活动和场馆的规划。

谷岩认为，北京冬奥会在技术应用上有三大亮点：一是整个奥运会用"一朵云"实现数据共享和处理，效率和安全性都大幅提升；二是 5G（第五代移动通信技术）技术全面应用；三是大量国内的创新型企业发挥各自技术优势参与到奥运会中。冬奥会中，无人售货、机器人餐厅、智慧高铁等创新应用场景和技术，大部分都来自中国的科技企业。

## 33 个"双十一"流量洪峰的挑战

对于奥运会技术人员来说，如何让奥运更精彩很重要，但还有比之更重要的。

谷岩在 2006 年便进入北京奥组委参与北京夏季奥运会的信息技术工作，他所理解的科技奥运的真正意义是："我们用科学技术服务比赛。奥运会不是一个科技竞技场，把舞台留给运动员，而我们（技术人员）的任务是支撑赛事安全稳定地进行。"

冬奥会重保工作具有网络安全环境复杂、周期长、场馆多、系统杂、开放度高等特点,每一项都让重保工作难度呈指数级增长。尽管北京冬奥组委技术部和阿里云在赛前已进行了技术演练、容灾演练、测试赛保障、安全攻防演练等多项准备,但工程师们依然不敢掉以轻心。

自2022年1月开始,阿里云数百位工程师开始在北京冬奥技术运行中心、主媒体中心及场馆、杭州办公室等地7×24小时轮班值守。他们曾经见证了北京冬奥会核心系统全面上云"从0到1"的历程,他们也将在北京冬奥会和冬残奥会期间构建起前方驻场、中台支持、后端产研的三级保障体系,为冬奥会的顺利运行保驾护航。

北京冬奥会和冬残奥会涉及约4万人、30多个核心系统、33天的举办时间,数据的压迫性和并发性更大。

"双十一"、世博会等历练让阿里云有应对流量高并发场景的丰富经验,并形成了一套重大项目技术保障的应对体系。阿里云副总裁刘湘雯介绍,"每一届的'双十一'大概有3000多个预案",这种系统而精细的重保经验被运用于奥运重保中。

除了常规保障工作,阿里云的工程师们还要面对蜂拥而至的网络安全攻击。如果体育竞技是一场超越自己的竞赛,网络安全攻击是真正的没有硝烟的战争。

作为全球瞩目的体育盛事,每一届奥运会都深受网络安全问题的困扰,成为网络黑客集中攻击,以求"一战成名"的目标。历届奥运会都发生过大大小小的网络攻击事件,如2012年的DDoS攻击、2016年的APT攻击、2018年的APT攻击等。但也总有一群不为人知的工程师默默地站在赛事背后,用代码在专属的"赛场"里为奥运贡献着自己的力量。

2022年1月25日，距离冬奥会开幕还有10天，这时奥运核心系统已经全面上云并且经历了两轮测试赛、数千次的压力测试。万事俱备，只待开幕。而承载了奥运各个信息系统的阿里云也开始遭受猛烈的网络安全攻击。

"虽然网络攻击量增加了，但一切都在我们的监控和可控范围内，都有相应的预案去应对。"阿里云智能国际体育业务总经理李辛介绍道。

在奥运核心系统全面上云之前，数十个信息系统各自为营，十分分散。这不仅徒增了奥组委的管理难度，更为网络黑客提供了逐个击破的机会。在核心系统全面上云后，阿里云安全架构相当于一张巨大的保护网，那么阿里云能否在猛烈的网络安全攻击中保护好所有系统呢？李辛自信地说："行内人都知道，阿里巴巴和相关的经济体是全中国受到网络安全攻击最多的单位之一。我们遭受网络攻击的数量可能是其他所有单位的总和。所以不管是从技术上，还是从专家素质、防护手段等方面都有相应准备。"

## 踏雪凌云，一起向未来

很多人说，在冬奥会开幕式和闭幕式上，看到了中国式浪漫，彰显了我们的文化自信。如果他们来到北京石景山首钢园，会对浪漫和自信有更深的体会。

冬奥会共有87个比赛场馆，首钢滑雪大跳台"雪飞天"是其中受到最多赞誉和喜爱的一处。首钢滑雪大跳台"雪飞天"以敦煌飞天飘带为灵感，是世界上首座永久性保留和使用的滑雪大跳台。谷爱凌、苏翊鸣等中国运动健儿相继在此凌空而起，摘得金牌。

首钢园始建于1919年，是中国第一座国有钢铁厂，见证了中国工业百年成长史。2010年，首钢把生产基地从石景山搬迁到了河北。

炼钢的炉火早已熄灭。在2022年初春，沉睡的钢铁巨兽下，历史的厚重和体育竞技的活力，冷峻与激情同时上演，无人驾驶汽车、无人快递车穿梭其中，它们和以冷却塔为背景的"雪飞天"构成了一幅赛博色彩浓重的画卷。

千年飞天梦，百年工业史，十年变迁纪，沐雪踏歌行。首钢园走过百年峥嵘，这里圆了无数运动员的梦想，实现了北京冬奥会"让3亿人上冰雪"的愿景，也见证了中国科技力量的跃起。中国的科技力量为百年奥运带来前所未有的变革，通过数字冬奥，向世界诠释"一起向未来"的美好希冀。

中国的科技企业和工程师们还有一个梦想：希望通过数字技术，让奥运会的举办更加轻量化，让这一全球体育盛事能在更多国家举行，让代表人类精神文明的奥运圣火照亮更多角落。

北京冬奥会全面上云的过程，也是对全球体育赛事进行彻底的、深入的、全面的数字化能力梳理的过程。由此，北京冬奥会为世界留下了非常庞大和系统化的数据资产。

他们希望，通过数字技术，降低奥运会技术运行的复杂程度，降低举办奥运的门槛，把奥运组织筹划运行等经验沉淀下来，把实践经验变成方法论，让更多的中小国家、中小城市也有机会参与其中，甚至复制到全球大中小型体育赛事中。

# 智慧西城：
# 世界在改变，北京在进化

"这一天重逢，冰雪尽欢颜，昔夜花似雪，今日雪如花，心中这个梦，从来未改变，北京欢迎你，我们北京见……"这是冬奥歌曲《我们北京见》的歌词。词作者巧妙地将这首歌与此前传唱甚广的《北京欢迎你》形成呼应，不仅唤起了人们关于 2008 年的美好回忆，更唱出了北京作为"双奥之城"的荣耀和自信。

2008 年 8 月 8 日，北京奥运会开幕；2022 年 2 月 4 日，北京冬奥会开幕。两场盛会，相距 4928 天。如果将目光从奥运圣火投射到北京的城市肌理，会发现这座城市在这段时期里的一些细微改变，更易令人对"双奥之城"的担当有切身感受。

例如北京西城区的共享单车淤积问题。过去，西城区的共享单车乱停放的顽疾难以根治，金融街 100 米的人行道上停放的共享单车可以超过 200 辆，有的还停到了机动车道上，导致人们不得不站在机动车道上扫码解锁，共享单车的乱停乱放问题不仅挤占公共空间，也阻碍行人和机动车的通行。

为此，西城区对共享单车在特定区域的投放量进行了限制。一方面调控共享单车投放总量，要求春、夏、秋三个季节，共享单车的运营总量不超过 6 万辆，冬季则不超过 5 万辆；另一方面，在具体区域对停放数量做出要求。比如，临街、沿路的停放区域，各个品牌的共享单车码放每组不超过 15 辆，中间必须为行人预留出不少于 1 米的通行通道；单个地铁出口或 200 米道路内，一家车企停放车辆不能超过 30 辆。

出台规定容易，保证实施效果才是难点所在。当下，西城区对于共享单车的严重淤积，已经实现了 5 分钟响应、30 分钟到达，治理效率大为提升。西城区解决这一矛盾的"秘密武器"，是其和阿里云合作研发的"城市大脑"。

这一项目是北京市西城区进行城市治理数字化转型的内容之一。通过大数据、人工智能、物联网等智慧化技术手段打造一个云上西城，以技术变革推动管理创新，让西城区在城市治理决策的过程中，有了精准的智慧化辅助手段。

## 上"云"前的"诊断"

西城区数字化转型面临的局面，远比治理共享单车淤积问题更为复杂和广泛。

北京是全国政治中心，而西城区则是中心里的中心。看西城、治理西城、数字化改造西城，更离不开政治意识。首先，中南海位于西城区，其重要性不言而喻；其次，北京 400 多个政府机关单位中，有 200 多个位于西城区。

这意味着西城区的数字化转型，首先面临着空间上难以全面覆盖的问题。比如，西城的众多政府机关中，哪些是不可涉及的，哪些又是可以被纳入其中的。这些特殊的问题，是在建设"城市大脑"时需要着重考虑的。

历史文化深厚，是北京的另一大特点。西城区城市管理委员会副主任姚猛是一个在西城区生活了 50 多年的"老北京"，对北京历史颇有研究。他告诉我们，早在700多年前的元代，西城区的金融街就已经存在，被称为"金城坊"，是当时重要的金融中心。

对于以全国中心城市的身份存在了700多年的北京而言，数字化转型更像是一场历史和先进科技的融合碰撞。

另外，整个西城区面积为50.7平方公里，只占北京市总面积的0.3%，但2020年年底西城区常住人口却超过110万，占全市人口总数的5%。可见，地少人多、密集和拥挤，是西城区的又一特点。

西城区还汇聚了北京大学人民医院、北京大学第一附属医院、积水潭医院、协和医院（西区）、首都医科大学附属北京儿童医院、解放军305医院等众多三甲医院，以及众多的旅游景点和其他公共服务设施。

对于为西城区建设"城市大脑"项目的阿里云来说，这些西城区的"独特之处"，都是必须克服的挑战。"最大的困难就是在西城区'首善样板'的高标准要求下，如何把阿里已有的实践经验和西城的实际情况相结合，探索出全新的'西城模式'。"阿里云交付项目管理专家、西城"城市大脑"项目总负责人卫世昌说。

千里之行，积于跬步。2019年，阿里云和西城区达成合作后，项目组成员就走出办公室，和西城区多个委办局进行直接交流，了解各个政府单位在日常工作中所面临的管理难题。

卫世昌到现在都记得，那年的8月，酷暑难耐，阿里云的工程师团队和城市管理委宣传科科长王道康等人，顶着烈日、骑着共享单车在背街小巷进行巡查，开展一线服务工作。"从真实使用者的视角去设计业务流程、寻找提升效能的技术和方法，这为后续我们的应用场景'实用、易用'奠定了良好的基础。"

通过对复杂现实的抽丝剥茧，阿里云解决方案架构专家翟东伟结合西城区发展目标以及城市治理中的迫切需求，将项目建设重点确定在"智预测""智发现""智调度""智联动""智评估"五个层面,从而对症下药,运用大数据、物联网、云计算等先进技术打造"数智西城",提升城市治理能力。

## 数智西城,腾云而来

2019—2020 年,西城开始搭建数字化基础设施平台,提供算力、算法及人工智能模型等基础数据服务。从 2021 年开始,场景应用陆续研发成功,开始运用到实际的城市治理过程中。

交通是西城需要最先治理的领域之一。在城市大脑系统中,基于 AI 智能体的"车道级"微观诊断评价模型为交通治理提供了依据。

西城城市大脑接入了全区 9365 个路侧停车实时数据、3159 个公交站点客流数据、300 个蓝牙嗅探点位实时数据、221 条公交线路车辆的位置数据、6.6 万辆全市巡游车和 20 万辆网约车的订单数据。

车辆、路网、客流等海量全景数据,以直观的图表和数据形式呈现在区域智慧大屏上,为城市管理者提供最清晰的决策依据,让城市治理和服务有了清晰的方向。

以北京大学人民医院为例,这是一所全国知名的现代化综合性大学医院,求诊人流量巨大。

阿里云交付技术专家杨沛昱在交通"评诊"时就通过数据发现,21% 的求诊者是从外市前来就医,对于公共交通的需求十分强烈。数据表明,医院东门二环辅路早高峰时段落客车辆高达 188 辆,平均驻留时间为 7 分钟,这严重影响二环路的通行能力。

通过需求预测分析和辅助治理决策,"城市大脑"提出在西门南侧配置 21 个短时落客泊位、东门设置 4 处禁停区域,采用市交委出行即服务

（MaaS）平台引导 55% 的车辆前往西门落客等 6 项治理措施。

根据评估，这些措施可在高峰时段令人民医院出入口通行速度提升 30%，送客车辆滞留延误时间减少 50%。

一颗聪明的"城市大脑"给西城带来了什么样的改变？最显著的变化就是让城市治理的依据从过去依靠模糊的经验判断，转变为以数据分析为基础，让城市治理和服务变得更加精准有效，这是"数智西城"的重要内涵。

基于这一飞跃式的进化，"城市大脑"在困扰西城区已久的垃圾分类治理、大气污染防治、市容环境秩序等业务问题方面，同样发挥着重要的推动作用。

2020 年 5 月 1 日起，北京开始实施《北京市生活垃圾管理条例》，要求将垃圾分类回收。这本是一件提高垃圾的资源价值和经济价值，减少垃圾处理成本的好事，但在实际实施过程中，管理部门对于垃圾处理的感知始终处于滞后状态。无论是通过投诉还是人工巡查了解垃圾分类的实际情况，都属于被动感知，这令管理部门的业务洞察和业务预警几近于无。

同样的情况也出现在市容秩序管理和大气污染防治领域。

人工巡查每个月发现的市容秩序事件超过 20000 起，涉及 282 个事件类型，任务十分繁重。但在传统的管理模式下，只能对数据进行简单统计分析，有时虽然了解了当前的问题所在，但缺少潜在问题分析以及预测决策，难以发现市容秩序管理中的"风险点"和"隐蔽点"，不利于管理效能的提升。

大气污染防治方面，则由于采集的数据都来自大气监测子站，难以定位问题和分析根源，并且缺少有效的信息传达途径，故难以获得不同维度和颗粒度的数据作为决策支撑。

"城市大脑"就好比一面透视镜，让城市管理部门可以早看到、早发现辖区内的各类问题，并且根据系统给出的预测，提前进行部署和决策。这个想法和设计同样离不开数字政府业务总监姚红娜的牵引和推动。

试运行一个月，"城市大脑"就在大气污染防治方面上报事件291次，告警84次，产生调度工单7次，比起过往的人工巡查和处置，每月可节省3800多小时的路途及办公成本。

此外，垃圾分类治理工作也拥有了全面分析垃圾"从哪儿来、到哪儿去、谁收运、收运是否及时"的能力。

试运行期间，累计发现垃圾分类处理异常事件686起，系统自动对这些异常事件进行了分类，其中垃圾重量异常343起，数据重复上报78起，标签号缺失预警67起，社区无厨余垃圾预警31起。

总体而言，"业务数据化，数据业务化"让西城区的城市治理走向精准化，完成了从"统计"到"预测"，从"事后"到"事前"的治理模式转变。

在这个基础上再看当下的北京，就会发现，在两次奥运间隔的4928天里，世界在改变，北京在进化。这座伟大城市正以新的时代气息和科学治理方法，以民生、国家和国际的多维尺度建立全新坐标，全面阐释国家政治中心、文化中心、科技中心和国际交往中心的要义，真正发挥首都在建设新时代美好生活上的引领和示范作用。

# 02

## 数智赋能：企业如何扩大竞争优势

第四章

# 数字"智造",制造业的转型与重塑

如果你走进一家工厂，你会发现这样的场景：生产线正在"轰隆隆"地运转，货物在传送带上有条不紊地行进，机器人小车灵敏地停在生产线旁边，将加工好的产品运往仓库……而最令人惊讶的是，在这样繁忙有序的场景里，竟然看不见一个人。

这就是制造业如今最流行的"无人工厂"。

"制造业"是个大概念，我们目之所及的生活所需，大到汽车飞机，小到一颗螺丝钉，都经由流水线的万千锤炼后才成为如今的模样，而不同产业、品类之间的制造环节，往往天差地别。因此，制造业的数字化，有着极强的行业差异性。

此外，即使在一个行业，甚至是同一个企业的不同工厂，数字化程度也往往参差不齐。不同工厂里的产线不同、设备不同、工艺标准不同，甚至设备之间的协议、数据标准的差异，给数字化的落地带来了难度。

放眼制造业，有的行业已经被逼到了数字化转型的悬崖边——汽车行业就是鲜明的代表，销售数字的冲击足以说明一切。2022年2月，我国汽车市场销量出现环比下降，据乘联会最新零售数据，2月份国内乘用车市场销量达125万辆，环比下降39.9%。

对于汽车行业来说，数字化，已经是解决"生死存亡"的关键。车企需要思考的是"未来如何把车卖出去"，逐步从忽略消费者反馈的"以产定销"，转变为从消费者出发的"以销定产"。而这种转变，意味着大量数字化需求的衍生。

不过，依然有不少制造业的分支徘徊在数字化的路口——有人还在观察数字化的收益，有人不知如何入手，还有人在激进的尝试后开始思索数字化的真正意义。

制造业，仍处于数字化的十字路口。

第四章 数字"智造",制造业的转型与重塑

## 优化存量、拓宽增量

制造业的数字化,需要从自身商业模式与产品结构出发,优化存量、拓宽增量,从业务的视角去看待现有体系下可以升级的环节,用更优的成本、更高的效率,在现有的产业底座上,用创新的思维模式,收获更具经济价值的成果。

制造业千差万别,数字化的能力是获取增量的必要因素。举个例子,一家医疗器械机构的数字化转型,可以是内部系统的搭建,也可以是设备之间的互联与智能化,但这些都偏向已有业务的效率改进;如果数字化提供的是一套医疗服务平台,甚至能够快速搭建起一套基于云上的SaaS(软件即服务)工具,成为这家机构的一个新营收渠道,就能真正发挥数字化的威力。

当然,制造业的复杂度很高。比如如何做到数据逻辑的一致,对于不同接口、格式的数据,需要进行底层数据的结构化,之后才能基于数据进行场景效能的提升、运营和成本优化;再如企业内部如何提供一致性的数据服务能力,并且在组织界面实现统一,而不是多头对接、影响协同效率等。对于企业自身来说,它们不会过度在意底层的东西,它们真正在乎的,还是存量业务的效率提升,以及增量业务的营收扩张。

再说回汽车行业的例子。

在过去,消费者买车大多通过4S店完成,这类消费选择往往有被动选择的成分。美国福特汽车公司创始人亨利·福特曾说过:"不管顾客需要什么,我生产的汽车都是黑色的。"这也是车企为了保证供应链效率最优化所采取的产品与营销手段。

而在今天,汽车行业已经在产生变化,在销量的铡刀下,厂商不能再当依附4S店卖车的甩手掌柜,而是不得不亲自下场直面消费者,对内

搭建数据平台，掌握消费者的喜好与需求，对外尝试私域社群、多平台投放等营销玩法，全方位影响消费者心智。

## 制造业，如何切入数字化

数字化很重要，这已是制造行业的共识，可如何用正确的姿态切进数字化，尚无定论。

虽然"如何完成制造业的数字化"还没有标准答案，但一些实践得来的经验告诉我们，好的制造业数字化样本，还是有些许共性。

首先，企业组织内的一把手极其重要，不论是国企民企，何种规模、何种行业，解决企业内部的组织问题往往是最关键，也是最艰难的。如果企业一把手没有足够强的决心和意识，自上而下的组织就不能协同，数字化就变成了一个纯技术层面无法解决的问题，也很难得到相应的组织流程、资源调配的支持。

其次，在制造业里找到技术与业务结合的切口。要先进行试点。由于制造行业链条复杂度较高，可以在摸清研发、生产、供应链、销售、服务等环节后，找一个小切口进去，再从小切口逐步向外延展，形成"纵深"。通过小场景的数字化协同带来业务增量，才能逐步提升内部对于数字化战略的认识，达成一致并落地。

还是以汽车行业为例，由于汽车产线的诸多工序此前都依靠纯人力输出，比如一台车上有3000个左右的焊点，产线工人只能对10%的焊点进行人工抽检，但有了数字化系统、上线人工智能技术后，就能利用机器的"眼睛"，实现100%的焊点质量检查，不仅提升了人工质检的效率，还增强了车辆的安全性。

最后，找到能尽可能体现数字化价值的场景，更是决胜制造业的关键。

例如，一般制造业企业内的营销、会员系统不是核心的生产、供应体系，因此能够承担数字化的试错风险，同时能迅速与互联网的平台能力结合，从而使得营销效率提升后迅速产生收益，数字化的价值就能以真金白银的形式展现出来，之后再切其他环节，组织内的推动力就会更强。

总的来说，制造业的数字化仍然"任重道远"，好在星星之火可以燎原，随着新消费浪潮的袭来，在消费者需求倒逼的情况下，越来越多的制造业企业开始下场与消费者对话，诸如"小单快返"、C2M（用户直连制造）等概念越发深入人心。数字化，正在以更丰富的面貌出现在我们身边。

（本文整理自与阿里云智能汽车行业总经理李强、阿里云智能数字政府数字产业和生态合作总经理荆慧的访谈）

## 机械工业九院：
## 打造一座数据驱动的未来工厂

2020年7月17日，两家看似业务上不会有交集、属于不同行业的企业走到了一起。

在这一天，阿里云宣布与机械工业九院达成战略合作，联手为汽车企业提供数智工厂整体解决方案。

机械工业九院是我国最早从事全国汽车行业规划、工厂设计和建设的甲级设计研究院，有"中国汽车工厂设计的摇篮"之称。1958年成立至今，已服务一汽、上汽、长安、吉利、长城、奇瑞、华晨宝马、北京奔驰、特斯拉等车企，客户遍布10多个国家和地区，在汽车行业的工厂规划、项目咨询、工程设计、工程总承包等方面拥有丰富的行业经验。

"双方利用各自的研发、技术和业务等优势能力，共同打造世界一流水平的自研智能工厂，推动中国汽车行业和制造业转型升级。"阿里云智能汽车行业总经理李强当时说。

当下，车企普遍有智能制造的转型需求。凯捷咨询公司（Capgemini）的报告指出，汽车行业的智能工厂普及率在所有行业中最高，未来三年智能工厂的投资还将增加60%。汽车工厂数字化、网络化、智能化已成为当下发展的必然趋势，将为企业效率、质量、成本、商业模式带来根本性改变。

## 机遇与挑战

机械工业九院与阿里云在汽车智能制造领域战略合作，联合打造汽车数智工厂整体解决方案，使得机械工业九院的汽车工厂工艺技术、装备技术、工厂设计和建设经验与阿里云的物联网、大数据、云计算和人工智能技术找到结合点，并在一汽红旗新能源汽车数智工厂建设上开始实践。

一汽集团致力于把红旗品牌打造成为"中国第一、世界著名"的"新高尚品牌"。面对这一发展目标，现有红旗工厂的产能已不能满足产品发展的需要，亟须建设新的生产基地。

同时，一汽集团正积极实施数字化转型，以智能制造为主攻方向，推动工业互联网、大数据、人工智能、5G 等新一代信息技术与制造环节的融合发展，对制造环节进行全要素、全流程改造，推动企业制造加速向数字化、网络化、智能化方向转型升级。

位于长春汽开区繁荣村的红旗新能源汽车新工厂，从立项之初就肩负着成为具有较强自适应能力的国际一流、国内领先汽车行业智能化标杆工厂的重要使命。

机械工业九院与阿里云的汽车数智工厂整体解决方案的核心是以价值创造为出发点，以数据的挖掘与应用为主线，将车间级智能管控系统作为主要智能载体，实现全面数字化管理和智能化生产，从而达到质量、效率、成本协同最优，这也成为机械九院和阿里云联合建设一汽红旗繁荣新能源数智工厂的整体思路。

## 数智工厂的核心

一汽红旗繁荣新能源汽车工厂总占地面积约 75.6 万平方米，设计产能为年产 20 万辆红旗新能源乘用车。工厂包含的冲压、焊装、涂装、总装及电池电驱等五个主要生产车间，成为数字化智能工厂建设的着力点。

机械工业九院和阿里云为一汽红旗繁荣新能源汽车工厂在上述五个主要生产车间开发部署了五套车间级智能中控系统。

这些智能中控系统是定位于上层制造运营管理系统与底层控制系统之间的数据智能管理系统。系统通过对产线边缘侧的数据采集、实时分析及数据价值挖掘，形成与自动线体控制系统和工厂管理系统高效协同运营，并使车间生产运营具有全面感知、优化协同、预测预警、科学决策的能力，最终提升工厂生产效能，降低运行成本，提高产品质量，并以高质量的分析结论和决策建议支撑工厂持续优化。

在总体架构层面，车间智能中控系统由边缘层、平台层、应用层构成，每层赋予了相应的功能。

其中，边缘层通过对冲压、焊装、涂装、总装、电池电驱五大生产车间大范围、深层次海量数据的采集，以及异构数据的协议转换与边缘计算处理，使得采集的数据具备实际应用的意义，同时减少数据传输带宽与云端负荷。

平台层则基于通用的平台资源叠加大数据分析处理能力、人工智能算法、工业微服务等创新功能，实现传统工业软件和既有工业技术知识的解构与重构，构建可扩展的开放式能力平台。

而应用层则是根据平台层提供的微服务，开发面向不同车间、不同角色、不同应用场景的工业 App，实现对车间计划、设备、质量、能源、物料等业务的全面覆盖。

根据机械工业九院相关人士介绍，该套系统应用了云原生、微服务、大数据、人工智能、数字孪生等前沿技术，各类计算及应用平台采用分布式部署形式，具有很强的通用性（可广泛应用于离散制造业）、延展性（产线—车间—工厂）和集成性（集成相关系统开展大数据分析），其服务的广度和价值创造能力达到国际一流、国内领先。

## 数据的管理

2020年4月，一汽红旗新能源汽车工厂项目正式启动，项目由机械工业九院总承包。机械工业九院副总经理李允升表示，在交付实体工厂的同时，机械工业九院与阿里云也将交付一个"由数据驱动的工厂"。

李允升介绍，汽车工厂持续产生海量数据，但数据的价值还远未被挖掘。因此，阿里云与机械工业九院联合研发的数据采集与监控平台，在红旗新能源汽车工厂将接入数百万个设备点位，数采频率可达200毫秒。阿里云对高并发数据的处理能力，让该系统在数据采集的实时性和完备性上都超过主流厂商。

这也是国内头部主机厂率先在五大车间全面使用自研的数据采集与监控平台。

除了性能优势，以往的平台有较大局限性，跨车间数据难以汇集，车企掌握不了完整的数据，也无法基于数据自主开发智能应用。在红旗新能源汽车工厂，数据自由流动并形成汽车工厂的数据中台，随时可向第三方应用开放数据API（应用程序接口）。同时，阿里云与机械工业九院提供的AI平台，也能支持车企快速开发智能应用。

为了进一步发挥智能工厂数据的力量，其汽车工厂的车间智能中控系统从系统架构上包含了四大平台，分别具有如下功能。

（1）数采平台：应用阿里云IoT技术，按汽车工厂特点双方联合打造。主要完成对生产制造过程中多源、异构、海量数据的实时采集、协议解析、边缘计算等功能，实现工业设备与智能管控系统的感知互联，同时减少边缘侧至云端的数据传输带宽并降低云端计算负荷。

（2）数据中台：通过对数据进行全生命周期治理和建模，构建数据共享能力中心。中台覆盖离线计算与实时计算，满足开发人员在数据同步、数据分析、数据质量、数据 API 各层次的应用，极大缩短了数据价值的萃取过程。

（3）AI 平台：采用阿里云人工智能基座，采用低代码开发模式进行敏捷开发、画布和调优，可沉淀和复用基于工业 know-how（技术诀窍）的算法模型。

（4）数字孪生平台：采用游戏级的可视化引擎、高度集成化的设计，支持接入工业实时数据并实现生产场景还原，提供完整的构建工业数字孪生的服务。

目前，依托四大平台开发的设备预测性维护、质量分析预测等五大智能应用已开发部署完成，正在进行调试优化。智能应用将遍布红旗新能源工厂的冲压、焊装、涂装、总装、电池电驱五大车间。车间工人可以实时了解"机器"的健康状况，提前收到故障预警，及时检修。在焊装车间，算法还会自动识别焊点的质量，为工人提供决策参考。

也就是说，工厂的生产节拍没变，但设备开动率和产品质量都将得到大幅提升。

随着红旗新能源汽车工厂产线的搭建完成，一个由数据构成的 1∶1 "数字孪生"工厂也将同时上线，产线的一举一动都能在远程一览无遗。

## 从"制造"到"智造"

随着车间智能中控系统的落地，一汽红旗繁荣新能源汽车工厂不仅实现了自身产能的飞跃，也助力实现了生产制造过程的国产化自主创新、数字化全面运营和智能化业务决策。

在国产化自主创新方面,智能中控系统实现了平台、应用的完全自主开发与交付,突破了国外工业软件的壁垒,实现了技术、安全、服务的全面自主可控。

在数字化全面运营环节,智能中控系统将OT(操作技术)技术和IT技术深度融合,以数据为引擎,以应用为导向,实现了对计划、生产、质量、设备、能源、物料、人员等全过程、全方位、全业务的数字化运营。

而在智能化业务决策中,智能中控系统将物联网、大数据、人工智能等技术突破性地融入生产制造核心环节,支撑预测预警、科学决策。

智能中控系统的顺利运行,可实现对生产过程的看透、管精、控准,取得良好效果。

智能中控系统首先帮助车企实现数据采集和管理。

基于阿里云IoT平台,双方合作开发满足汽车工厂各车间工艺、设备、生产过程等海量数据采集的自主可控数采平台,完成对生产制造过程中多源、异构、海量数据的实时采集、协议解析、边缘计算等功能,实现工业设备与智能管控系统的感知互联。按照对数据进行全生命周期治理的思路,构建数据中台,提供全域数据汇聚、数据融合加工、全面数据治理体系,通过数据分析看透问题,发现效率、质量、成本可优化点,进而采取措施。

智能中控系统还能够帮助车企打造全透明的智能工厂。

智能中控系统采用数采平台、数据中台、数字孪生DTwin平台,为汽车生产过程中的物理实体创建虚拟孪生体,将物理设备的各种属性、状态、趋势、绩效、能力映射到虚拟孪生空间中,实现工业物理车间与孪生虚拟车间的虚实交融与精准映射。同时智能中控系统可统一集成并展现其他管理系统的信息,如计划、能源、质量、设备、库存等多维度报表和示意图，以数据全透明、可视化的方式呈现在各种显示终端上，帮助客户随时随地了解生产及设备的运行状态，准确掌握各类生产资源的负荷状况，及时和清晰地进行问题预判与决策，提升管理效率、管理水平和运维水平，实现人机协同。

而在精细化管理层面，智能中控系统能够帮助工厂建立精细灵活的智能生产管理系统：基于订单优先级、交货期、产品特性、加工工艺、加工路径、设备负荷、库存、资源限制等条件，快速地制订或调整工厂级和车间级生产计划，并可根据客户的需求和不合格品出现情况开展灵活插单和资源调度，帮助企业实现生产过程的效率最大化。

在车企的设备智能管控环节，智能中控系统对设备的基础数据、关键指标数据、报警数据、检修数据、特征数据等进行采集与资产化管理，通过机器学习和大数据分析技术手段，预测设备变化趋势并提出维护和更换建议，以此提高设备的使用效率，有效避免设备产线非正常停机对生产的影响。还可以图像化的方式展现设备的整体运行状态、稳定性和可靠性，帮助设备管理人员直观了解设备的现状和增强对未来的预知能力。

最后，在能源管控环节，智能中控系统能帮助工厂建立多层级能源智能管控系统，通过多层级能源的消耗数据采集，实现对各层级的能耗统计分析、能源管控、节能策略输出，帮助客户实现持续能源配置优化。例如应用智能照明、智能空调等技术优化耗能设备运行方案，可以挖掘节能潜力。

一个完全数据驱动的工厂，已经在一汽红旗繁荣新能源汽车工厂正式落地。既实现了数据流动到数据驱动的跨越，同时在数据管控的基础上开展了数据价值深挖，为新工厂注入新的灵性。一汽红旗繁荣新能源汽车工厂投入使用后，即入选中国企业联合会 2021 年全国智慧企业建设创新案例。

　　机械工业九院积累多年的行业业务能力加上阿里云的数据技术能力，正在为中国汽车制造业探索出一条数字化的转型之路。可以预见，数据将在这座工厂发挥巨大威力。汽车智能制造的时代，正在全新开启。

# "黑灯工厂"：
# 开启数字化制造新篇章

## "双十一"前夕，静悄悄的工厂

对于大多数工厂来说，"双十一"前夕是每年备货的重要节点。可临近 11 月，当我们走进老板电器位于杭州临平的茅山生产基地，这里却显得格外平静。在 5 万平方米的钣金冲压车间里，几百台自动化设备正在自行运转，除了机械臂与轴承整齐划一的运行声，生产线上空无一人。

这是老板电器的"未来工厂"，它还有另一个名字——"黑灯工厂"。因为生产任务基本由自动化的机器包办，工厂里几乎没有了流水线工人，因此不再需要灯火通明的环境，只有沉默的机器和它背后的"智能大脑"在不知疲倦地生产。

2021 年的"双十一"，也是"未来工厂"投入使用后的第一个"双十一"。2019 年起，老板电器与阿里云等科技公司合作建设无人化的智能工厂，两年后，一切都发生了翻天覆地的变化。

曾经"操作靠手、运输靠跑、协作靠吼"的密集型人力作业不复存在。拿工厂里的集烟罩自动冲压成型生产线举例，从扁平的钢板到成品烟罩，机械臂会自动完成打孔、塑形、剪裁等多个步骤，操作完成后，机械臂将钢板放在平板车上，再由 AGV 小车（自动导引搬运车）与机械臂配合完成搬运。

"我们在产线上做到了无人,但真正的功夫,却在背后的'大脑'。"老板电器无人工厂厂长俞佳良介绍道。

虽然流水线没有了员工的身影,可在工厂上方的监控大厅里,几位技术工人坐在一面 20 米宽的数字大屏前,正在时刻关注着流水线上的设备运作状况——这里就是老板电器无人工厂的"大脑"。

这个"大脑"有一个颇具武侠气息的名字——老板电器九天中枢数字平台。该平台由阿里云技术加持,接入了工厂全部 284 台自动化设备和上万个点位的实时数据,当机械臂执行生产任务时,它可以"读懂"前来搬运钢板的 AGV 小车的指令,暂时把工序停下来,将成品烟罩放到小车上,等摆满了成品烟罩的小车离去,机械臂再继续流水线上的作业。

如今,"黑灯工厂"的所有设备基于数据和算法自行运转,生产效率提高了 45%,生产成本降低 21%,良品率从过去的 98% 提升至 99%。"别小看这 1% 的提升,对于制造行业来说,当良品率上到一定的台阶,再往上提升一步是非常困难的。"俞佳良说。

集烟罩冲压成型生产线只是 5 万平方米工厂里一个很小的生产环节。据统计,这个工厂共有 16 条生产线及 27 台 AGV 小车,而让工厂里的数百台自动化设备都能基于数据和算法自行运转,老板电器工厂"大脑"的复杂程度可想而知。

## "年轻人都不愿意来工厂了"

把时间拨回到六年前,在"大脑"尚未问世的日子里,老板电器的管理者们被另一个问题深深地困扰着。

"那时候招人,真的招不到。"俞佳良回忆道。

2015 年,老板电器位于杭州临平的数字化智能制造生产基地刚刚建成，需要工人两班倒作业，高峰时甚至需要三班倒。因为流水线上要"一人一坑"，生产过程中不能随意走动，一批钣金冲压完成后，负责运输的工人用手推车或叉车把成品运到存放处，一个月下来，一名工人需要在产线和存放处之间折返几百次。

拘束、枯燥、重复、繁重，是一线工人工作的代名词。一线工人招聘难，特别是年轻人不愿意进工厂，已成为不争的事实。

这种状况在今时今日仍然存在。2021年4月16日，国家统计局新闻发言人、国民经济综合统计司司长刘爱华在国务院新闻发布会上公布了一组数据：2021年第一季度农村外出务工劳动力数量为1.7亿多人，比2019年同期减少了246万人，沿海的工业和外贸大省的很多企业普遍反映存在招工难的问题。

"我们最近做的一项包括9万多家规模以上工业企业的调查显示，约44%的企业反映招工难是它们面临的最大问题，这个比例也是近几年来的新高。在一些调研中，很多企业反映，一线的普工难招，高技能人才难招，技术工人难招，这些在经济恢复的过程中已经开始出现。"刘爱华表示。

为了招到工人，从2019年起，老板电器已经给一线工人开出税前10万元以上的年薪。薪酬网的数据显示，截至2021年6月7日，杭州市的平均月薪为税前7543元，以此为参照，年薪10万元已经不能算低。

可即使开出不低的薪资，依旧没有办法完全化解招工难的问题。俞佳良介绍道，仅在2021年，一线员工面试人数超过了1万人，实际到岗3888人，目前在职率仅为36%左右。

有了这样招人难、留人难的背景，老板电器更坚定了无人工厂的投入决心。

第四章　数字"智造",制造业的转型与重塑

## 单点式的产线改造亟须升级

老板电器成立于 1979 年,在过往的 42 年中,它经历过两次关键转型:第一次是 2012 年开始尝试的"机器换人";第二次是 2015 年的智能化转型,这次转型期间,它建成了行业首个数字化智能制造基地。

"机器换人"很容易理解。彼时,老板电器开始将流水线上的重复性劳动作业,逐步以机械臂等设备替代,更重要的是在内部系统的信息化层面,老板电器也将 IT 设施逐步完备,诸如客户关系管理系统(CRM)、企业资源计划(ERP)、管理信息系统(MIS)等。这些系统的构建,让老板电器初步实现了工厂底层数据的抓取和透明化,其目的是在生产环节提升良品率,提升运营管理效率。

到了 2016 年,老板电器在杭州临平已经有了三个厂区。在临平区兴中路 339 号,这家行业龙头初试智能升级,建立了数字化智能制造基地,通过自动化机械设备和信息化的结合,将自动化率提升到了 70%。老板电器因此也被工信部评为"智能制造试点示范企业"。一个带有信息化、智能化底色的工厂已具雏形。

当时对于一家传统制造业企业来说,老板电器在生产改造端已经领先同行多个身位,但老板电器的管理层并不满意,因为他们看到了瓶颈。

在过去,老板电器虽然逐步将设备、产线、系统替换成了自动化机器,但设备与设备、设备与系统之间尚处于孤立的形态,前端的生产制造与后端的销售管理呈割裂状态,整个供应链背后没有一个统一的平台做数据处理、打通与再利用。

说得再直白一些,2015 年以前,老板电器的智能化改造属于单点式的效率提升,且生产过程中的数据链路也没有打通。这就造成数据的呈现形式相对传统,同时利用效率较低。

以模具冲压环节为例，由于数据呈现方式比较传统，没有办法反馈实时数据，所以工人只知道在某天模具出现了极高的报废率，但要知道问题出现在哪个环节，还得靠人工一个一个地倒推归因，才能找出问题所在，最后再进行维护、保养。也就是说，当时的制造端还处于"看到现象再解决问题"的阶段，没有办法实现预判。

产销打通则是另一个遭遇瓶颈的环节。

以生产一台双腔大吸力抽油烟机为例，其产线需要100多个关键零部件，生产中的物料、物流、生产排期、仓储等各个环节都需要严丝合缝地进行配合，如果任何一个节点出现问题，都会影响产品最终的售卖。

这就意味着从前端生产到终端零售的链路需要更加通畅。哪些部件齐全，哪些部件缺货，哪些部件尚在运输途中，都需要提前计算并做整体协调，以确保零部件不会在产线上出现短缺，而对产品产出之后的仓储、物流等诸多环节，也都需要考虑到。这些都对数据采集、归纳、反馈提出了更高要求。

"从前端的采购、供应链到中间的排产，再到生产过程的调度、成本核算等财务模块，都需要通过平台进行连接。除了业务的流程衔接，更重要的是把数据打通，这样才能快速得到实时反馈和反向联动。"阿里云政企行业线零售行业解决方案架构师涂发亮解释说。

老板电器的流水线日夜流转，其产线上的数据本就是一座"富矿"，如何利用好这些数据，挖掘出数据背后的价值，让经营管理模式再上一个台阶，成为老板电器需要思考的问题。

**聪明的神经网络**

从2019年决定建"未来工厂"，到2020年4月正式实施，再到最后历时9个月的改造，这些年来，老板电器一共投入5亿元，建成了行业首个"未来工厂"。

阿里云零售行业消费电子部门负责人任颖宜还记得，与老板电器的合作是从消费互联网开始的。起初，阿里云的数据中台在营销运营侧给老板电器提供了决策支持；随后，双方的合作深入企业的组织管理层面，钉钉深度整合了老板电器的OA（办公自动化）系统、会议管理系统，实现了协同方面百分之百的自动化与智能化。

打造一座"未来工厂"，意味着从消费互联网到产业互联网的升级。老板电器对此也相当慎重，最终选择阿里云，一是看重阿里云对产业互联网的整体规划能力，包括对业务规则、业务逻辑的设计，二是看重阿里云的平台构建能力，特别是软硬件的协同，因为这一升级涉及工厂现场的整体设备部署、连接，甚至产线布置。

为此，2019年年底，老板电器和阿里云各自组建了一支10多人的项目攻坚队伍，朝着"无人工厂"的目标迈进。

"和2016年的智能工厂相比，最大的变化就是打通、融合和连接。"老板电器CMO（首席营销官）叶丹芃说。

实现这一变化的关键，是建立一个介于产业互联网和消费互联网之间的大数据平台。它接入ERP、CRM、MES（制造执行系统）等，将制造、供应链、研发、营销、产品数据完全打通，建立关联。它就是"九天中枢"。

各系统、各设备间的数据运营规则，类似人体神经收到大脑的指令。但与人体大脑能对神经天然生成指令不同，在工厂里，需要对这些规则先做好标注及设计。在对23个生产场景进行梳理后，阿里云工程师为复杂的数据规则做出了智能标注，构成了"聪明的神经网络"。

阿里云还调用了边缘托管，确保数据采集从过去的秒级提升到毫秒级别，数据采集的稳定率也随之提升到 100%。

有了这些准备，即使关着灯，照样能生产——这就是"黑灯工厂"的生产形态。在"黑灯"的背后，是工厂融合应用物联网、云计算、AI、5G 等技术，实现全自动的智能化生产、智慧化管理和协同化制造。

同样以模具冲压环节为例，通过数字孪生技术，生产过程的数据能够被实时采集，并通过对核心数据建模，帮助工人预判模具磨损情况及是否需要停工维护等。

这仅是"黑灯工厂"的一隅。事实上，有 47 个业务场景可以在"黑灯工厂"中自动运行。

"从最初改造到最后交付，实际只用了 9 个月。整个过程超过我们的预期，可以说是创造了奇迹。"叶丹芃说。

## 知识工人

制造业的升级迭代在最近几年里大幅提速，5G、AI、工业互联网平台、云计算、大数据成为企业突破自动化瓶颈的重要助力。它们能帮助企业打通产销环节，并通过更精细的神经网络把设备组织起来。

这样的变化在一线工人的身上体现得最为明显。

老板电器如今再也不用被招工难的问题困扰。在无人工厂建成前，厂里需要 230 多名一线工人两班倒，如今却只需要 30 多人。

更令人瞩目的是，工人们的工作内容也发生了翻天覆地的变化。他们不再是流水线上做着重复性工作的"人肉机器"，而是摇身一变，成了运维工程师、设备保养工程师、系统开发工程师这样的新时代知识工人。

还记得前文中提到的工厂上方的监控大屏吗？据无人工厂生产部负责人、27 岁的潘腾骏介绍，大屏上的数据实时反映产线的作业情况，背后的系统会自动向设备下发指令。如果设备出现异常，系统会自动通过手机上的钉钉App给工人派单，从过去订单旺季忙乱的"人找任务"，变成了从容的"任务找人"。

工人们正在用新的思维方式去适应如今的流水线，通过九天中枢数字平台，一线工人的工作方式正在从过去的"造一台，卖一台"，演变为用数据指导生产。

例如，老板电器从消费端获取生产1000台双腔大吸力抽油烟机的任务，在九天中枢数字平台上，系统会自动计算，协调物料、物流、生产排期、仓储等各个环节，确保产品能保质、按时送达消费者手中。

据俞佳良介绍，早期传统制造业的生产模式是通过手工整理订单来实现生产任务的下发，但在消费互联网和工业互联网的双重推动下，老板电器的厨电制造早已经摆脱了传统模式，改为通过数据驱动来保障工业化生产。

随着制造端智能化转型的深入，老板电器发现仅仅改造制造端还不够，企业需要围绕产销环节掌握更为准确的数据——神经网络布得更细，数据采集得更全，才能帮助企业做出更好的判断。

新的流水线也在倒逼工人提升自己的业务水平。曾经在产线上接料的工人，如今经过培训可以成为无人工厂的设备运维工程师；过去从事重复作业的激光刻膜工人，现在一个人就能对近30台AGV物流机器人的行驶路线做定期优化，管辖区域超过1万平方米。

"我们最近做了一项统计，发现人社部公布的新职业里，我们有将近10个岗位是相匹配的。"俞佳良说。其中包括云计算工程技术人员、工业机器人系统运维员、大数据工程技术人员等，"他们基本上都是90后"。

# "线上中化"进行时，
# 化工巨头重塑竞争力

2020年6月13日16:40，浙江省温岭市大溪镇良山村，一个周末午后原本的宁静，被一声轰天巨响打破。良山村靠近G15沈海高速公路，一辆满载危化品的槽罐车在高速匝道上爆炸，靠近公路的民房和厂房顷刻间变成残垣断壁，爆炸点上空飘着一朵灰色蘑菇云，许久才散去。事故造成20人死亡，24人重伤。

中国是化工大国，危险化学品生产经营单位达21万家，涉及2800多个种类。2020年，石油化工行业规模以上企业营业收入占全国规模工业营业收入的10.4%。与其他行业最不一样的是，包含危险化学品在内的化工、煤炭、能源等九大高危行业具有强烈的风险溢出效应。一旦发生事故，不仅带来经济损失，更会造成不同程度的公共危害。化工企业实现生产安全，具有重要的经济意义和社会意义。

化工行业的安全生产，离不开HSE管理体系。HSE是指健康（health）、安全（safety）和环境（environment）形成一个整体的管理体系，是现代化工领域不可或缺的管理制度之一。20世纪90年代，壳牌公司成为第一个颁布HSE方针指南的化工企业。21世纪后，中国的化工、能源等高危行业也逐渐建立起各自的HSE管理体系。化工行业逐渐形成一个共识：安全生产，比成本、市场还重要；HSE做不好，才是最大的成本。中国21万家化工企业里，80%是中小企业，普遍存在设备相对落后、安全监管力量不足等问题。随着科技的发展，用信息化、数字化等技术手段解决危化企业安全生产管理问题，成为行业发展新思路。近年来，国家陆续出台多项危化品领域的政策性文件，引领化工企业通过工业互联网、大数据、人工智能等新一代信息技术与安全管理深度融合，提升化工行业本质安全水平。

中国化工行业的执牛耳者——中国中化控股有限责任公司（由中国中化集团有限公司与中国化工集团有限公司于2021年5月联合重组而成，以下简称"中国中化"），是全球最大的综合性化工企业。其业务范围覆盖生命科学、材料科学、石油化工、环境科学等八大领域，在全球拥有22万员工，由于行业特性，其下属有百余家企业涉及危险化学品业务。

中国中化的掌舵者宁高宁，先后执掌华润、中粮、中化、中国化工等四家央企，被称为央企改革的"全科医生"。宁高宁认为，推动中国中化事业健康可持续发展，必须以HSE为前提和基础。要实现安全生产，一是要做好本质安全，二是要加强管理。本质安全就是所有的工艺、流程、设备等本质上是安全的，用技术消除安全隐患。中国中化"HSE本质提升"的要求与国家"提升化工行业本质安全水平"的期望不谋而合。2020年和2021年连续两年的第一个工作日，中国中化召开的集团层面工作会议，主题都是HSE。这样特殊的安排，昭示了HSE在这家化工巨头里的地位。2021年12月30日，中国中化发布HSE领跑战略与FORUS体系，提出"全球HSE领跑者"和"零损失"目标，向高质量发展迈出关键一步。

在我国的央企领导者中，宁高宁是极其重视企业数字化转型升级的，他提出了"线上中化"蓝图，指引中国中化数字化转型。他认为，建设"线上中化"，不是信息传递方式转变或数字工具的简单应用，其核心是建设全面的数字化公司，打造全在线、全连接、全协同的数字化环境，通过数字化和智能化的方式重塑组织关系和生产经营方式，重构客户服务和产品创新能力，培育新的核心竞争力。中国中化的数字化转型，依托"中化云"底座，为中国中化旗下企业提供跨地域全覆盖的云服务支撑。中化引入了阿里公有云的技术优势，为中国中化诸多行业及业务场景赋能，为"线上中化"的蓝图提供了坚实的科技支撑。

中化信息技术有限公司（以下简称"中化信息"）是中国中化的直属信息科技公司，也是中国中化数字化转型的主力军。中化信息全面参与中国中化数字化领域工作，上至集团"线上中化"数字化转型战略推进、建设、运营，下至各个基层企业的信息化、数字化建设升级。近年来，中化信息重点发力"工业互联网+HSE数字化"领域，与集团旗下企业合作打造了一批示范项目。中化信息执行董事赵洋表示，中化信息将紧紧围绕HSE领跑战略与FORUS体系，锚定"智慧HSE"建设目标，聚焦企业重点业务应用场景，不断探索与实践，逐步摸索出一条助力企业HSE，实现数字化转型、智能化发展的道路。

## 全连接：风险要素全面数字化管控

要提升化工行业本质安全水平，就要深入化工企业的生产管理当中，找到那些困扰行业多年的核心问题。中化信息技术人员的足迹，随着中国中化的业务走遍全国，从炼厂、化工厂到加油站，从化肥工厂到农田，从实验室到生产车间……

在浙江嘉兴，连接上海与杭州两个都市圈的杭申线航道北岸，矗立着11个白色立式大油罐，十分醒目。这是中化石油销售公司2012年在浙江嘉兴桐乡市建立的中化石油桐乡油库（以下简称桐乡油库），主要为周边城市提供成品油服务。2021年的夏天，中化信息和阿里云的算法工程师一行来到桐乡油库调研，希望结合桐乡油库的实际情况及业务需求，给出专业全面且具有针对性的 HSE 数字化解决方案。

危化品有生产、运输、存储、销售、使用、废弃六大环节，中化信息 HSE 产品线专家尉峻睿告诉我们："油库最不可控的隐患在于运输、装卸油这两个环节。"

为了把运输、装卸过程中未可知的风险管控起来，中化信息联合桐乡油库、阿里云打造出 HSE 现场管控智慧助手系统。该系统由智能巡检、作业许可、设备管理、隐患排查等功能模块组成，给企业提供了一个覆盖物联感知端、PC（台式计算机）端和移动端的现场管理工具。

生产环节，HSE 现场管控智慧助手系统通过"星地融合"人员车辆定位、机器视觉行为监控、行为数据分析等技术，与生产业务场景深度融合后，给企业员工装上"千里眼"：坐在办公室里，便可实时掌控全厂区人员位置，智慧感知超时静止、疲劳工作等异常行为，并进行及时干预管控，大幅降低了生产环节的不可控性和潜在风险。

在油库装卸现场，每一个人员、每一台设备的操作，都被管控起来。每一辆车从进入油库开始，要经过一系列仪器和安保人员的检测，小到阀门开关、一颗螺丝钉的松紧，都是性命攸关的细节。过去，仅车辆进场检测就需要三个人。如今，算法、视频识别等技术替代了传统检测手段，使线下安全生产的核心业务场景实现了在线化、数字化。

HSE 现场管控智慧助手系统帮助桐乡油库实现了对"人、物、环、管"等风险要素的全连接管控，全面提升危化企业现场管理的感知、监测、预警和处置能力，助力企业效益改善。上线以来，HSE 智慧助手帮助企业提升巡检效率达 20%、节约人力成本 30%，提高管理效率 20%。2021 年年初，该系统方案获得了中国能源企业信息化产品技术创新奖。

## 全在线：风险隐患实时监测预警

在数字化转型过程中，中国中化的重要成员企业蓝星集团也敢为人先、积极探索，联合中化信息搭建起蓝星危险源风险隐患在线监测系统。

中化信息发现，蓝星集团的管理痛点可以概括为两个层面：在基层企业层面，存在"五难"，科学决策难、责任落实难、人员／设备管理难、业务操作难、部门协同难；在集团总部、专业公司管理层面，缺乏对下属公司落实 HSE 管理体系情况的监管手段，因此也无法支撑决策层、管理层、执行层对 HSE 管理要求的理解、执行、反馈、改进。

中化信息 HSE 产品线经理闵谦表示，HSE 工作的核心是对风险预防控制。

HSE 管理通过风险识别评价，确定可能存在的危害以及后果的严重性，再采取相应的防范手段、控制措施和应急预案来防止事故的发生，把风险降到最低，从而减少人员伤害、财产损失和环境污染。风险识别的数字化、智能化，是实现 HSE 数字化管理的前提。如何对这个庞大的集团实现风险识别以及在线监测？中化信息和蓝星集团需要从零开始。

中化信息工程师从危险源场景中收集了约 10 万个样本，完成风险行为识别的基础模型，实现重大风险源监控"从 0 到 1"的突破；完成基础算法模型并把系统布局上云后，云平台强大的算力为素材标注、自动收集等功能提供支撑，实现在线监控算法"从 1 到 100"的迭代升级。蓝星集团基层企业可以通过对重大危险源重点区域进行视频监控与视频智能识别，时刻感知潜藏的安全隐患，自动识别现场异常状况、人员违规违章行为等。这样就解决了生产一线人员和设备管理难的问题。

集团层面也有了对下属公司落实 HSE 管理体系情况的监管手段。管理人员通过总部的智慧大屏，就能对全集团安全生产风险进行动态监测，随时调阅生产现场的视频画面，实现重大危险源监控、移动作业监控、安全预警处置等功能，为管理决策提供科学依据。

以该系统为抓手，蓝星集团风险处置的全流程执行力得到保证，预警信息可以实时推送到管理层、责任人、操作员等所有相关人员手中。发现、处置、后期整改，从预警到治理的风险处置全流程都变得在线、实时、高效。

## 全协同：覆盖 1000 多家企业的 HSE 平台

"两化"合并带来两个"剧增"：规模剧增和危化企业数量剧增。由此，安全生产成为中国中化每天严阵以待的挑战课题。

于是，中化信息协助集团 HSE 部搭建了覆盖全集团 1000 多家企业、数十万用户的中国中化智能 HSE 管理平台，涵盖安全、环保、职业健康三大业务板块，并将集团 HSE 管理体系融入其中，形成了以风险管控为核心的综合管理平台。智能 HSE 管理平台贯穿了整个集团、事业部、专业公司、基层企业多个级次，可以为每个级次、每个岗位的人及时反映 HSE 管理重点和 KPI（关键绩效指标）的动态变化。上至集团总部，下至基层企业，如此庞大的数据运算规模，需要与之匹配的算力和技术系统。

中国中化一切数字化转型离不开跨地域覆盖全集团的"中化云"这个基础设施云平台的支撑。中化信息向中国中化内外部用户提供资源共享、功能全面、敏捷高效的基础设施云服务。其中，阿里公有云作为"中化云"的重要组成部分，能够提供丰富的云服务和生态，使能中化业务快速部署创新。

近年来,国家多项政策同时提及"工业互联网"和"危化安全生产",生产工艺与安全管理密不可分。在中国中化,数字技术的应用已经从安全生产管理向更核心的生产环节渗透。为了打造化工行业的工业互联网应用生态,中化信息展开深入调研,立足企业的业务需求,充分发掘工业数据价值,最终以"平台+数据+应用"的模式帮助企业打造卓越生产体系,实现从"制造"到"智造"的转变。

赵洋认为,卓越生产体系是以生产制造为中心的转型升级,通过提升工厂自动化水平和本质安全能力、打通工厂内外数据、推行智能化应用等路径,优化核心生产系统与运营环节,实现生产制造环节的安全、提质、增效、降本、减存。

## 智能工厂+智慧 HSE,重塑核心竞争力

在沈阳化工智能化工厂一期项目建设中,中化信息自主研发融合 EAM 和 AIoT 技术的设备智能化管理软件在此试点应用,中国中化的"智造"初具雏形。

在沈阳化工股份有限公司包装车间数千平方米的厂房里,传动带和齿轮摩擦发出轻微响声,偌大的厂房里仅有两名员工,他们的"同事"是一条全自动数字化产线。一袋袋糊树脂被自动包装好,检测合格的产品被机械手臂码放整齐,等待被运送到全国各地并出口到海外。产线的大部分流程都实现了自动化,如果出现不合规格的产品,产线会自动检测出并报警,操作工这时才会介入生产。这家成立于 1938 年的化工厂能够实现转型升级,离不开数字化对智慧生产的赋能。

绝大部分的化工产品生产过程需要稳定的生产环境,而人员、设备、

天气环境、生产原料等每一个因素都可能带来不确定性。此外，化工是个设备资产管理占比很高的行业，实现预测性维护、故障诊断等设备全生命周期管理对生产的意义重大。而数字化的生产线和设备全生命周期管理可以解决大部分的不稳定因素。沈阳化工董事长孙泽胜表示："没有比数字化生产线更稳定的生产环境了。"

中国中化 HSE 管理体系以风险管理为核心，将所有损失追溯到管理，实施全面的损失控制，对项目、设备、工艺、产品等业务活动的全生命周期做出了系统安排。但这样一个体系需要与之匹配的技术力量。中化信息云平台产品线经理庞荣进透露，生产设备预测性维护这些深度应用场景对数据实时性、智能分析水平要求很高。阿里云成熟的云产品能力和专业及时的运维保障，可以为项目提供全生命周期的高质量服务。

新冠疫情让医用防护手套销量激增，而沈阳化工的主要产品糊树脂正是医用手套最重要的原料。沈阳化工利用"平台＋数据＋应用"的新生产模式，克服新冠疫情的影响，保证了生产，满足了火爆的市场需求。2020 年三季度，沈阳化工的盈利增长了两倍。

目前，中国中化的智慧化工、智慧能源、智慧农业等领域的技术架构正由自建逐步向云原生发展，基层企业与中化信息等科技力量共同探索，打造具备行业特色的云平台解决方案和高赋能的经营模式。中国中化数字化转型的初步实践得到了认可，2021 年，它成为唯一入选国家"工业互联网＋危化安全生产"的集团总部试点单位。

中国中化提出，"公司要整体达到世界一流，HSE 必须率先达到一流"。他们计划通过 HSE 的三个"五年计划"，力争到 2035 年成为全球 HSE 的领跑者。

中国中化在"线上中化"数字化转型战略的指引下，通过"智能工厂＋智慧 HSE"的整体架构，实现了 AI 赋能业务、工业设备上云、工业数据入湖，助力集团企业智能工厂与智慧 HSE 的应用落地，为打造科技驱动的具有全球竞争力的创新型企业和世界一流的综合性化工企业奠定了坚实基础。

# 第五章
# AI 时代的零售数字化变革

若论起 C 端（消费者端）用户与"数字化"这件事的距离，零售可谓老百姓最有感知的行业。

人们日常生活"衣食住行"中的"衣、食"，皆与零售行业紧密相关，再拆解一下，从服饰、餐饮、品牌商、制造商，到终端的消费者，都因为数字化有了显而易见的改变。

走进商场，服装店的店员会根据你过往的消费记录，推荐适合你的款式和尺码；消费完以后，他们还会添加你为微信好友，以便后续推荐你优惠券与品牌活动；走进餐厅，不用再等待服务员招呼，扫描桌上的二维码即可点餐、记账，消费积分也会自动计入会员体系。

零售场景内"人、货、场"的不断更迭，与消费者的需求变化紧密相关。如今，用户对产品设计的"胃口"越来越挑剔，消费升级已经成为备受瞩目的现象：IP 盲盒、减脂餐、露营，新的消费场景与业态不断涌现。

消费者的信息渠道与购物渠道也变得碎片化：在信息触达上，从过去的电视、楼宇、电梯的硬广媒介，到现在的 B 站、抖音、小红书；购物渠道上，不只是线下百货和天猫、京东，直播、短视频、社区团购，越来越分散的触点与媒介，对品牌商的内容构建与渠道匹配销售能力都提出了更高要求。

也就是说，零售品牌商如今的角色，已经不能局限在"控货"环节，随着消费者需求层次的变化，品牌商不能继续"躲"在幕后，而是要站在前台，尝试用更多触角直接触达消费者，通过一线消费者的反馈，更高效地运营商业体系。

## 认清定位，对症下药

为了应对变化，品牌商可以从以下四个方面入手：

**消费者洞察**。利用更多数字化手段接触消费者，除了传统的电商网站，还应该深入更多电商场景以外的渠道，比如抖音、小红书等，掌握不同渠道的客户类型与渠道特点。

**全渠道互动**。利用数字化手段，在线上、线下更加频繁地与消费者互动。线上可以建设自己的私域流量阵地，投入运营团队进行精细化运营；还可以利用数据中台等营销工具，深耕消费者画像，为后期的精准营销打好基础。线下做好门店品牌建设，训练导购有序进行留资、拉群等工作，让导购人人成为"主播"，具备"跨时空"的卖货能力。

**提升经营效率**。从财务、订单、制造、渠道环节，通过数字化工具提升经营效率，降本增效。

**革新制造手段**。通过"小单快返"等新型制造理念、技术，提升生产端效率。

不过，上述方式更偏通用型的实践方向，要想真正掌握数字化的诀窍，企业要做的，还是进行准确的自我定位。

根据零售企业的业务特性，我们可以将其分为四个象限：

**消费驱动 × 分销零售**。代表行业是典型的大快消行业，比如食品、母婴等，由于这类行业大多采用分销模式，较为依赖渠道进行销售，所以不仅要解决渠道协同问题，还要解决产品设计与消费者需求的匹配问题。

**消费驱动 × 直营零售**。代表行业为美妆、运动户外行业，大多为商超、零售商等业态。由于直营的成本较高，因此要提升直营的效率。部分行业还出现了"直营+分销"的混合协同模式，因此要更加注重二者协同的效率。

**供给驱动 × 直营零售**。这部分会比较特殊，代表行业为奢侈品、高端白酒、烟草等，大多为直营，甚至是专营专供体系，因此要解决其工艺、产品与销量等问题。还有部分服务也属于该类别，它们需要具备快速捕捉消费者需求以及快速响应的能力。

**供给驱动 × 分销零售**。比较典型的是制造、家居、消费电子、汽车等板块。这类企业更关注供给侧新技术的迭代（比如特斯拉对传统汽车的冲击），要解决的是降本增效、规模制造、颠覆式创新等问题。

## "四大转型"为零售企业数字化保驾护航

零售企业的数字化落地，也会面临种种阻碍。

首先，技术与业务的割裂，是企业在推进数字化转型时要警惕的问题。很多公司会误认为数字化转型单独依靠技术的创新即可完成，即"技术先行"，没有将业务的数字化及时推上日程，这就会造成数字化业务没有足够的"抓手"，效果不明显。而光有技术，后续也很难推动业务进展。因此，需要"技术 + 业务"双轮驱动。

其次，企业的组织能力是另一个容易被忽视的关键命题。

最后，大型企业的数字化进程，往往需要一把手拥有极强的改革意愿，否则转型很容易沦为一句口号。而国内的制造、零售老牌企业，大多成立于20世纪90年代，如今也面临二代接班的问题，如何让两代人对数字化理念产生共同的认知与愿景，从组织层面增强企业高管对数字化领导力的认同，同样是推进过程中重要的任务。

因此，企业要想真正推进数字化转型，技术和产品转型只是起点，具体来说，还需要"四大转型"来保驾护航。

一是从顶层设计来看，需要领导率先完成思维方式的转变，从决策层开始自上而下统一对数字化的认识，最终变成推动数字化的执行力。行业内可以用"三浪叠加"的方式去影响企业的领导层，每一"浪"客户都有其独特的标签和属性。第一浪，指仍处在数字化盲区，没有意识到领导力、业务、技术等环节存在问题的企业，这类企业高层相对年纪较大，企业管理模式相对封闭，所在行业领域尚未出现积极的数字化热潮。第二浪，企业对数字化已经有了基本的想法，也做过一些数字化的技术尝试，甚至引入少量的合作伙伴，但只是在局部领域进行数字化尝试，相对片面。第三浪，就是真正进行数字化转型的企业，这类企业有着极强的开放性和成长型思维，已经真正理解到数字化转型的紧迫性，同时坚定地践行相关实践，带领企业的生产、销售、技术、产品等部门进行全方位的数字化转型工作。

二是在业务转型上，着重新模式和降本增效，通过数字化的力量来提高企业的经营效率，比如从财务视角提高资产周转率，让企业看到数字化能够带来实打实的利润，达到降本增效的目的。

三是组织和文化转型。在管理层的认知达到一致后，逐步将数字化落实到企业文化中，从"自上而下"的指令式要求，变成"自下而上"的全员数字化贡献，将数字化概念下的敏捷、价值共生等理念融入企业的价值观中。

四是信息技术转型。事实上，如果企业完成了上述顶层设计、业务转型、组织和文化转型，信息技术转型不过是产品选择的问题，最终落地可谓是水到渠成。

（本文整理自与阿里云智能零售行业总经理戴涛的访谈）

# 走近消费者，
# 看一台"豆浆机"的数字化转型故事

说起豆浆机，国人几乎无人不知"九阳"。

这家在 1994 年就研发出全球第一台"电机上置式"豆浆机的家电企业，真正把一个品类做成了一个行业；而后，九阳不断扩充产品线，相继推出了料理机、榨汁机、面条机、电饭煲、破壁机等一系列新品。在很长一段时间里，九阳在国内的料理品类都占据着市场份额排头兵的位置。

毫无疑问，九阳也经历了国内新零售、新消费的洗礼。20 世纪 90 年代，消费者接触九阳，大多是通过传统百货商场里的专柜，九阳也在全国建立了扎实的分销网络，共计有超过 3 万个分销网点。

在内部 IT 信息化层面，九阳从 2008 年就引入了 ERP 系统，从前端的生产、供应，到中端的物流、仓储，再到终端的销售、客服，各个板块均有垂直系统运作。也是在那一年，九阳开始"触电"，与阿里巴巴合作，尝试在线上以电商模式向消费者售卖产品。

在 2008 年就上线电商业务的九阳，无疑是行业里第一批"吃螃蟹的人"，为了适应线上的零售节奏，九阳还曾尝试过为线上消费者提供专有机型，这在当时来看是极其新鲜的打法。

如何为消费者提供创新的零售体验，这是九阳一直在思考的命题。

2018 年，九阳收购了美国吸尘器公司"Shark"中国公司 51% 的股权，进一步丰富了产品版图。这一年，九阳也有了更为明显的转变，开始以更年轻、时尚和具有科技感的精品思路,实现对豆浆机、破壁机以及电饭煲等传统小家电产品的迭代与设计升级。

2008—2018年,零售领域的核心要素"人、货、场"都发生了翻天覆地的变化,消费者、产品需求、信息渠道、购物方式都在转变,这也是推动九阳转型的原动力。

谈及为什么要转型,时任九阳数字运营部总经理陈波这样回答:"第一,数字化时代,我们要获取年轻化的用户,快速了解他们的需求痛点,数据洞察非常重要;第二,产品设计要好看、好用,有差异化;第三,消费者获取信息的渠道变得碎片化,我们要在B站、抖音上有内容构建能力;第四,购物渠道也在变化,除了天猫、京东以外,抖音、小红书、社区团购都要有匹配的销售能力。"

## 如何与消费者拉近距离

2019年,九阳总裁杨宁宁参加了由阿里云举办的数字化转型培训课程,这成为九阳与阿里云达成深度合作的缘起。在与阿里云高层多次深入交流后,杨宁宁认定了"未来变革的抓手是数据化"这一方向,开始正式启动对数据中台的需求研究,九阳也在2020年开始了数据中台的上线开发工作。

在正式讨论九阳的数字化举措之前,我们先来聊聊九阳当时面临的挑战。

如前文所述,九阳在销售端是以传统经销商渠道为主,而在全国各个省级经销商以下又设有分销商,他们将九阳的产品层层输送至百货、商超、专卖店,最终到达消费者手中。

这样庞大的分销体系造就了九阳的家电帝国,但在硬币的另一面,由于依靠经销商面向消费者卖货，九阳自身对消费者就少了些直观感受。2018年前后，随着小红书、拼多多等兴趣、社交电商的兴起，加之短视频、直播带货等新兴渠道的涌现，九阳需要更快速地获取消费者洞察，从而更敏捷地在供应端做出应对。

经销渠道的分散也造成了数据来源不清晰等问题。众所周知，数据是数字化的基础，想要解决运营环节人货场的协同问题，九阳需要清晰地了解用户都是谁？他们喜欢买什么？价格和产品特性怎么定？供应侧和需求侧怎么联动？库存怎么配置？这些都需要消费者、渠道的数据实现联通。

"因为家电行业都是把货卖给经销商，经销商的销售情况、消费者的最终体验如何，这些指标对于品牌来讲都是缺失的。"阿里云智能消费电子行业解决方案架构师涂发亮谈道。

数据的缺失，不仅会阻碍数字化战略的推进，在微观层面，还会直接影响九阳营销投放的准确度。

如何拉近与消费者的距离，成了九阳需要攻克的命题。

因此，在人货场的多种维度中，"消费者"成了九阳迫切需要进行数字化的环节，"先从紧迫的需求切入"，成为九阳数字化战略的核心思路。

## 将产品推向"正确"的消费者

在梳理了九阳在业务中遇到的种种挑战后，九阳与合作伙伴阿里云对数字化目标的认识变得清晰起来。

"我们的战略叫'一点两面三端四化'，即：以用户运营为中心点，涉及需求和供应两面，在人、货、场三端，实现社交化、裂变化、会员化和私域化。"陈波这样介绍。

在推进节奏上,九阳有着清晰的规划,即希望在五年之内,分三期实现不同阶段的数字化转型。第一期是搭建消费者运营平台,增强用户运营能力;第二期是构建智能企划和供应链智能补货协同系统;第三期建设的目标是实现智能化,通过数字化推动智能化决策能力的构建。

2020年4月,九阳率先与阿里云签订了数据中台项目,通过数据中台,阿里云将为九阳搭建消费者运营平台以及一个会员中心。

此前,九阳在最早尝试"小黄人IP"联名产品时,由于产品不是很热门的品类,价格相对也比较高,销量并不如人意。九阳团队对此总结了不少经验:IP购买人群中,尝鲜人群会占据很大一部分,所以不能设置太高的价格门槛。

吸取教训后,2019年7月,九阳再次推出了与Line Friends联名的新品,这一次的市场反应截然不同。在九阳的消费者结构中,购买IP产品的18～25岁人群比九阳常规产品多了16%,这意味着IP帮助九阳在获取年轻用户方面起到了明显的作用。

陈波也列举了一组数据：Line Friends联名新品的投资回报率提升了3倍,养生壶这一品类投资回报率接近7。即使高单价的K150豆浆机,在对比行业基准纯拉新人群包投资回报率为1的情况下,它的投资回报率超过了2.5。

而在有了会员中心这一强有力的消费者运营平台后,九阳也建立起自有的用户体系。

参照阿里巴巴平台的会员积分规则和等级设定,九阳在2020年正式启动会员中心,逐步将此前分散在四处的用户触点集合在一个阵地。参看这部分用户的消费习惯,九阳也能在其中得到不少数据洞察,比如九阳发现,要想把老用户重新在线下唤醒,成本会非常高,因此格外注重用户在线上入会的环节。

而在客单价方面，会员购买的客单价是非会员的两倍，在九阳已有的 1500 万会员中，复购率大约是 40%；在会员服务周期上，九阳旗下的品类换新率往往比其他品类要快，因此九阳会员的品牌复购周期大约是一个月，所以需要九阳的导购在用户购买一个月后再次发放优惠券。

除了消费者运营之外，九阳在全渠道一盘货上也在不断寻求着最优解法。2021 年 6 月，九阳与阿里云再次签订业务中台项目，这次的目标是建立订单中心与库存中心。

根据涂发亮的介绍，九阳目前的全渠道平台可以在接收消费者订单后，根据消费者所在地，自动规划最近区域的经销商发货，这就能够有效规避经销商库存不够 / 积压或者仓储距离较远等问题，这对于九阳整个渠道体系都将是一次革新。

这种"消费者 + 渠道"双管齐下的数字化模式，很快就为九阳立下了汗马功劳。

2020 年，随着疫情来袭，线下门店无法正常营业，依靠手头的数字化工具与会员体系，九阳的分销商们通过小程序、移动商城、社群营销、直播带货等方式，实现了线下业务的线上化；又通过"一盘货"的渠道平台，在生产力有限的情况下及时从各地调配产品送到消费者手中。由此，即使在疫情之下，九阳还是实现了年销售额突破 100 亿元的业绩。

## 把创新刻在基因里

从 2019 年九阳与阿里云达成合作，到三年内实现"双中台"的落地，九阳在数字化的推进力度与速度上，都有着令业界侧目的表现。

当被问及其中秘诀，不论是九阳还是阿里云，都不约而同地谈到了九阳面对数字化战略时的组织能力。

最高决策层的推动对九阳的数字化建设起到了决定性作用。在与阿里云规划方案期间，九阳总裁杨宁宁几乎参与了所有重要节点。陈波也谈到，九阳的数字化转型是个典型的"一把手工程"，因为"每一步都是老板亲自在推"。

这样自上而下的强有力推动，使九阳团队朝着相同的目标不断迈进。在九阳，不论是 IT 团队还是业务部门，都在数字化转型的道路上同战斗、共奋进。

团队的无间融合也是企业推动数字化的秘诀之一。如果在数字化转型项目中，IT 人员和业务人员有一方意愿不强，数字化都很难继续推动下去。

"光 IT 人员有热情，而业务方没有意愿，项目根本就无法运营；如果 IT 人员没有意愿，项目后续的落地和技术支持就会缺少把关。所以，两者是密不可分的。"阿里云消费电子行业负责人任颖宜说道。

如今的九阳，仍旧在围绕"人、货、场"进行着更多的数字化探索。在全渠道环节，通过对商品的销售数据追踪，九阳对自身销量预测、新品创新乃至供应链的调度也将更有效率。

"智能算法平台能告诉九阳天猫店铺，未来某个商品在一个月或一周内能卖多少货，而且准确率很高。这种预判对供应链调配、仓储等资源配置有非常重要的参考意义。"涂发亮说道。

谈及未来的合作，涂发亮信心满满，眼下围绕九阳"全渠道一盘货"的项目还在持续推进，当这一渠道订货平台彻底完成，九阳可以将产品集中管理在自己的仓库中，统一进行库存、物流和履约，经销商们只负责销售，不需要压货，所有后端的职能可以由九阳自行完成。

这对九阳来说就会是颠覆式的模式创新。涂发亮举例形容道："未来是一个人,比如一位抖音的带货主播,就可以直接卖九阳的货,他可以不用仓库、不需要运营,只要会营销就行,其他的问题都交给九阳来解决。"

如今,这么多的数字化革命都在这家 28 岁的家电企业身上发生着,而支撑这一切的,是刻在九阳骨子里的创新精神。

"创新是九阳的核心基因,不创新很难生存,这是从上到下都具有的共识。"在采访的最后,陈波这样说道。他还打趣:"可以看看我们的年报,除了经营,我们 1/3 的篇幅都在写数字化的动作。"

# 用数据驱动业务，
# 海底捞打造餐饮行业"样板间"

## 海底捞 App 的诞生

在讲述海底捞最近的 IT 变革之前，我们需要回顾一下海底捞历史上投入最大、难度和复杂性最高的数字化项目，2018 年实施的海底捞 App 工程算是其中之一。

"当时没有中餐企业做这件事，海底捞是唯一一家。"曾与海底捞合作多次的阿里云拓展专家章铁城回忆道，"很有远见，也很有胆量。"

表面来看，海底捞 App 是海底捞的一款面向用户端的应用，其中集合了排号、订餐、外卖、商城等基本模块，同时加入了游戏、社区等互动功能。看起来，它与国内外其他连锁餐饮巨头的 App 并没有太大区别。但在海底捞的远期构想中，海底捞 App 将会成为海底捞的会员精细化运营平台，它将根据顾客的授权，为顾客打造差异化、个性化的消费选择，真正实现千人千面。当每一位顾客打开 App，所看到的菜品推荐、促销信息、达人分享等内容都是不一样的。举个例子，针对一位常吃麻辣锅底的四川顾客，系统会为他推荐最匹配的菜品、创新吃法和他人的攻略。

理想很丰满，但现实却很骨感。

一方面，海底捞当时的业务规模与数据量已经极为庞大。2018 年，海底捞在全球拥有 363 家门店，分布于中国内地、香港和台湾地区，以及新加坡、美国、韩国、日本等国家，拥有超过 3000 万注册会员，2017 年全年接待用餐桌数超过 1 亿。

另一方面，海底捞的 IT 系统"烟囱林立"。经过 20 多年的发展，海底捞建立了各种各样的系统，包括点餐收银、会员管理、供应商管理、库存管理等 136 个。但是在 2016 年之前，所有这些系统都没有部署在"云"上，而是在传统 IDC 机房里，扩展困难，故障率较高，还容易遭受黑客攻击，造成网络拥堵。

数据量大、业务系统分散，以及底层技术设施的不完备，意味着海底捞当时的 IT 架构无法以最大效能支持业务模块快速扩张。

阿里巴巴资深技术专家陈晓勇还记得当时的海底捞 IT 系统存在的问题："海底捞多年前购置的 CRM 仍然基于传统的 IOE[①] 架构，无法满足门店扩张的速度和互联网高并发流量的需求，不利于大范围地进行促销推广活动。节假日和高峰时段的高请求渐渐使得系统不堪重负。中央处理器利用率满了，服务系统一到周末或者举办大范围活动时，就会出现宕机，这对旗下所有门店的正常营业影响很大。"

变革刻不容缓，必须"上云"！时任海底捞首席信息官邵志东拍板了"上云"方案。他提出了三点要求："第一，全国 300 多家门店，一家都不能落下，全部数据要一起'上云'；第二，旗下 3000 多万会员的数据，一个都不能丢；第三，项目启动后，中国港澳台及海外门店的营业不能受到影响，数据不能出错。"

为了确保项目万无一失，海底捞、阿里云及合作伙伴集结了超过 300 人的实施团队，由邵志东亲自担任总指挥，阿里云专家服务团队担任总策划，将所有工作拆分成 300 多个子项，责任到人，每个环节的操

---

① IOE 是对 IBM、Oracle、EMC 的简称，三者均为海外 IT 巨头，其中 IBM 代表硬件以及整体解决方案服务商，Oracle 代表数据库，EMC 代表数据存储。

作都制作完成了可一键执行的脚本或程序,并近乎苛刻地优化流程和节省每个环节的时间。

上线交割是海底捞 App 项目的关键环节,涉及 10 多个周边系统、海底捞各个部门、应用研发团队,以及 300 多家门店。为了不影响营业,数据迁移、系统割接及演练都放在了凌晨到早晨 9 点之间进行。

"割接演练最短 5 个小时,最长 9 个小时。基本是从凌晨 3 点到早上 8 点,因为 9 点要开门营业,我们要预留 1 个小时的恢复时间,让新老系统进行切换。最后一次割接从深夜 12 点一直持续到第二天早上 9 点,8 点我们开始恢复。"一位参与项目的阿里云技术人员回忆,那段时间,技术部的员工晚上做割接,白天还要修复 bug(漏洞),几乎没有休息时间。

历经 4 次演练,海底捞与阿里云团队终于在规定时间内完成了大数据迁移。2018 年 10 月 16 日,千人千面的海底捞 App 正式上线,海底捞全国门店所有 POS(销售终端)系统及 2 万多台用于点餐的 Pad(平板电脑),一次性顺利升级。

海底捞 App 运用了阿里巴巴"双中台"(业务中台 + 数字中台)架构。"通过新的系统,海底捞可以根据用户不同的消费行为,强化个性化服务标准,更精准地把握他们的需求,提升消费体验。"一位当时对接海底捞 App 项目的技术专家介绍说。千人千面的实现,正是依托业务中台、数字中台的强大力量。

具体来说,业务中台擅长实时计算,满足快速处理订单、交易等各种业务需求,前端业务部门可以像搭积木一样调用平台上的产品技术模块,从而快速搭建新业务场景;而数据中台实现了"一切业务数据化"的目标,负责对沉淀下来的消费数据进行分析,并提供算法支撑。

而在 IT 研发环节,阿里云的移动研发平台 EMAS 则为海底捞提供了一个一站式的移动应用研发运营管理平台,大幅提升了海底捞内部的系统研发效率。举例来说，原来海底捞如果想要发起一项针对不同类型会员的权益活动，把规则等写入系统再调试上线，至少需要一天的时间，而现在仅需要一个小时即可完成。

利用这套全新的架构，海底捞原有的 CRM 系统性能提升了 18.6 倍。目前，这套系统能够支持亿级会员数量和千万级参与者的营销活动。"从过去一个月的测试情况来看，这个框架足以支持千家门店的需求，而且它还是有弹性、可伸缩的。根据海底捞业务的不同需求，系统可以轻松扩容。弹性正是云的最大特长。"对接该项目的技术专家表示。

## 从街推到 AI，海底捞正在用数据驱动业务

20 世纪 90 年代，海底捞还只是一家从四川走出来的火锅店，远不像今天这样门庭若市。为了纳新、留住客户，海底捞的店长带着服务员走出店门推广宣传，细心周到地服务每一桌顾客，就这样靠一次次的街推和提供极致的体验，让各地消费者迈进了海底捞的大门，并成为老顾客。

海底捞已今非昔比，尤其是在 App 建成后，海底捞正在用大数据和人工智能洞察消费者的喜好，以此提供更好的服务。

海底捞 App 已成为承载核心业务的重要模块。事实上，如今这个 App 已经不只是一个简单的应用程序，在海底捞内部，围绕该项业务成立了单独的数字运营中心，基于海底捞 App 等一系列系统建设以及不断提升用户体验的目标，如今的海底捞仍在进行着创新玩法的研发与迭代。

这也是海底捞首席技术官周浩运眼下的工作重点。2018 年，海底捞 App 将海底捞底层繁杂的系统统一接进中台，同时厘清了数据的脉

络，让消费线上化与数据化——这些都是挖掘"金矿"的工作。而如今，周浩运需要将"金矿"打磨为更加产品化的"金子"，在业务中发挥出更大价值。

"用数据驱动业务这件事情，是一定会发生的。如果你不用，数年以后你就会被行业淘汰。"周浩运笃定地说道。

"智慧菜品"是海底捞基于数据中台迭代出的最新项目，可以将这套系统理解为"选品指导"。例如，海底捞售卖的菜品中哪些卖得好，消费者怎么评价，都会通过标签反馈给供应链端的产品经理和选品经理，帮助他们进行后续的产品迭代。

这个项目的由来，也和当下年轻消费者对中式餐饮的创新要求紧密相关。

安永（中国）企业咨询有限公司联合中国连锁经营协会（CCFA）发布的《2021中国餐饮行业数字化调研报告》显示，在餐饮消费者人群中，年青一代已成为新的主力消费群体。其中95后尤为突出，到2020年已成为第一大餐饮消费年龄群，贡献了近40%的餐饮消费额。

报告提到，与80后、70后消费者不同，90后特别是95后消费者更注重体验的丰富性，不仅看重味道和食材，是否有趣更是他们决定餐饮消费场景的关键所在。餐饮企业越是能在个性化方面吸引消费者，就越能在具体场景中俘获年青一代的心。

会员仍然是海底捞运营的重点。如何更高效、更好地倾听消费者的声音，解决消费者的问题，是海底捞的工作重点。

在与阿里云合作的基础上，海底捞在自己的公众号、小程序和超级App等上线了"云小蜜"平台，打造了在线和热线机器人，链接线下各个业务系统。这样的智能化服务平台有助于及时收集消费者反馈。

另外，这套客服系统还可以搜集饿了么、美团、大众点评、微信公众号等多个渠道的评价，同时对集中产生的评价进行对应标签的提炼，最后反馈至新品研发和门店经营团队。

"这些数据都能对原有产品的改良提供非常大的帮助，最终可以带动整个单品销售，提高门店的商品交易总额。"阿里云餐饮首席架构师雷进表示。

用数据驱动业务的工作方法，也已经深入海底捞这家餐饮企业的骨髓中。如今的海底捞从前端门店的运营洞察到后端供应链、财务、人事的降本增效，都在利用技术和数据的力量提升管理质量。

"大家都养成了看数据的习惯，这是很重要的。从凭经验做决策到看数据做决策，这是意识形态的转变。"周浩运说。

## 打造餐饮行业的"样板间"

2018年前后，几乎与海底捞建设App同时，国内餐饮行业掀起了一波数字化大潮。麦当劳、星巴克、百胜集团（旗下拥有肯德基、必胜客等品牌）齐刷刷地上马了相应的数字化创新项目。

"行业趋势已经到这一步了，如果你不做数字化实践，不为未来做准备，就会是抓瞎的状态。"章铁城说。在他看来，餐饮行业消费频次高、客流量大且场景丰富，这是良好的数字化基底不可或缺的环节。而以电商、零售业务起家的阿里巴巴，有一套围绕着"人货场"的运营方法论，双方得以共创餐饮行业新一代的"样板间"。

对于餐饮行业来说，即使脱离了IT系统与技术，门店只要开业依然可以赚钱，这也让过去数十年来的传统餐饮企业并没有对数字化产生真正的诉求。但时代已然改变，拥抱数字化不仅加速了海底捞创新项目的繁衍，也让海底捞的数字化价值能够看得见、摸得着。

事实上，除了底层的 IT 产品，基于大数据的用户需求，海底捞还推出过可以私人定制锅底的智慧火锅餐厅，将门店设备如配锅机、后厨机械臂、传菜机器人、冰箱、空调等统一到海底捞 IoT 平台，统一进行状态监控和自动化控制。

2018 年 10 月 28 日，海底捞全球首家智慧火锅餐厅在北京中骏世界城正式营业，该智慧餐厅推出"私人定制锅底"计划，结合大数据和云端记录，为顾客建立专属的锅底档案。海底捞推出的智能配锅机，针对顾客加麻、加辣或少盐、少油等个性化需求可以通过精准度高达 0.5 克的原料、辅料、鲜料配置，实现真正的私人定制。除了智能化配锅机，消费者还能在这里看到传菜机器人、自动出菜机等黑科技。

根据海底捞 2021 年中期报，目前该公司已先后新建和改造超过 100 家新技术餐厅，智能化配锅机、出菜机、中央厨房直配成品菜等设备和技术得到了进一步推广；同时，海底捞的后勤行政系统也已经"上云"。随着从前端到后端所有核心业务系统全部"上云"，海底捞至此全面实现了"云上捞"。

与阿里云的合作提升了海底捞的数字化建设效率。周浩运也谈道，相较自建一个"既懂餐饮和零售，也懂技术和研发"的团队，不管是在时间、人力成本还是业务水平方面，合作确实提升了数字化项目落地的效率。

"原来我们需要干大量从 0 到 1 的事情，现在我们的战略规划是怎么从 1 干到 10。"周浩运说。谈及海底捞的数字化未来，他信心满满："数字化运用这件事情在海底捞正变得越来越清晰。"

# 第六章
# "点数成金",开启数字金融新时代

2021 年的诺贝尔物理学奖，颁给了三位科学家的"复杂系统"研究。

要理解什么是复杂系统，可以从一个简单的物理现象开始。拿我们熟悉的地球来举例，地球在自转的同时，还围绕着太阳进行公转，而太阳系又在绕着银河系的中心旋转；与此同时，地球本身也在发生着巨大的变化，春秋交替，雨雪风霜，历史与气候在共同变迁。因此，地球的运动就是一个典型的复杂系统。

复杂系统研究的困难之处，在于它研究的现象是一种多维、多变的体系，在这种多维体系中，每一种维度的作用，还会对其他维度施加影响。而我们在这一章要谈到的"数字金融"，其核心转型就是金融业的"复杂系统"。

当一家银行或者券商想要进行数字化转型，其过程涉及业务、技术、产品、组织、人员能力、流程、生态、协同和管理等诸多方面的问题和挑战，如何解决这些问题，本身就是个极具挑战性的命题。

## 银行业 IT 求变：业务在驱动架构变革，但业内仍有误区

在银行信息系统中，核心系统承载了银行存款、贷款、银行卡、清算核算等核心业务，被称为"银行业跳动的心脏""银行 IT 皇冠上的明珠"，其重要性不言而喻。回顾银行信息化 30 多年的历程，核心系统经历了从"胖核心"到"瘦核心"的演变。"胖核心"以 IBM 大型机为代表，而"瘦核心"则以典型的 IOE 技术架构为代表。

如今的新时代是一个数字时代，数字时代的金融服务模式是以数据为关键生产要素、以场景和用户价值为中心的，主要服务手段依靠对各类数字化技术的综合运用，其重要载体便是通过网络送达的软件服务，是以线上便捷服务为主、线下人工服务为辅，融合数据智能和人类温情，

注重用户体验和风控原则的服务模式，金融服务将是开放、普惠、绿色的，是嵌入式且灵活多变的。随着数字化金融的到来，金融服务进入"连接一切""微粒式服务""永远在线""毛细血管"的数字金融时代，业务对金融核心提出了全新的挑战，延续了几十年的集中式架构已经越来越难以满足现在和未来的业务要求。比如：系统部署无法及时响应业务需求；系统弹性差，导致资源过度规划和冗余浪费；使用成本高；等等。在拥抱中国数字金融高速迭代的浪潮中，业务驱动架构变革已成为今天的主题。

然而，当下金融行业在数字化转型过程中存在种种误区。比如在操盘数字化转型时，先从简单系统（比如内部OA系统）着手进行架构转型，再推导到核心转型。这种规划在落地过程中就会逐步暴露出短板：OA系统的自研可控成果对于核心领域而言是无法借鉴的，这是两个完全不同领域的应用，架构完全不一样，核心领域被卡脖子的问题依然存在，这就导致未来核心应用转型仍然需要做大量的探索和其他工作，总体支出会更大。

再比如，有金融行业的声音表示："核心系统按照功能模块切分，再众包给不同的开发商来完成。"可这会产生的问题是，由于整个核心进行分布式改造的项目群极其庞大，众包给众多核心应用开发商之后，开发商都只熟悉自己那一部分业务和技术框架，无法做到全局的架构管控和技术标准打通。

## "新"银行样板：更开放、更普惠

如今，开放银行的理念已经成为银行业的发展共识，最基本的要求是银行服务通过API、SDK（软件开发工具包）的方式将银行账户、支付、结算能力提供给合作方，以便把银行的服务融入各行各业。

随着场景金融的演进，其场景正在扩展到人们生活、学习、工作的各个方面，一些银行已经共建、自建了大量的场景金融业务。但基于场景的用户转化需要一套完整的业务系统进行支持，包括大量标准化、模块化的能力，具体来说，既包括用户中心、产品中心、合约中心、账户中心、权益中心等业务能力，也包括用户画像、推荐模型、联邦计算等数据能力。

作为开放银行战略的升级，场景金融、产业链金融正在描绘更大的开放格局，形成一个"毛细血管"式的金融服务。这些业务需要规模来解决泛在化的场景和需求，但这样的规模也是核心系统问题根源之所在，"泛在化"金融服务，对账户、交易、结算等核心能力提出了"全时在线"的要求。

此外，随着数字人民币试点领域的扩大，金融场景正在越来越丰富，仅数字人民币的应用场景就已经超过350万个。场景的价值日益受到重视，银行都在努力构造更多的场景，这也导致了场景的碎片化以及对场景构建的敏捷性要求。

银行需要及早认识到如何让场景不成为新一轮的"竖井式开发"（即在内部大的系统架构中竖起一个个不互通的子系统分支），而业务的中台化、标准化、构件化正是解决这一问题的出路。越来越多的银行正在为其业务设计结构化的业务模型，并探索将其与应用设计紧密连接起来。

结合国内金融行业核心相关领域的实践，以及核心领域对于技术的云原生分布式转型的业务能力、工程能力与技术能力要求，银行核心转型逐步形成了4阶段5层的建设模式和路径（见表6-1）。

表6-1 云原生分布式转型的建设模式和路径

| | 1.轻咨询期 | 2.平台能力建设期 | 3.云原生/分布式设计验证期 | 4.规模化重构/建设期 |
|---|---|---|---|---|
| 业务数据建模 | 轻咨询：战略业务方向中台化 | | 中台化：核心敏捷建模，互联网业务模型实践，其他模型等 | 中台化：业务梳理建模落地，三级5层L0-L4 |
| 应用架构集成 | 轻咨询：单元化中台化 | | 单元化：核心并行；双模核心架构Adapter，异构集成在线数据迁移；主机全局路由 中台化架构治理：服务业务应用与运营平台 云原生分布式核心业务应用设计专题 | 生产级规模化批量集成开发：云原生应用框架 |
| 应用开发运维 | 轻咨询：开发框架运维框架 | | 云原生开发转型：云原生核心技术专题；云模板版；中台化：2层服务编排 云原生运维转型：稳定性保障，单元化管控 | 生产级规模化批量开发/运维 云原生SRE |
| 基础软件设施 | 轻咨询：云原生容器平台 | 云原生：异构IaaS集成容器 云服务网格ServiceMesh 云原生数据库 | | |
| 基础资源设施 | 轻咨询：自主单元化自研可控 | 基础IaaS | | |

通过表 6-1，我们可以清晰地认识到核心下移云原生分布式转型路径的全貌，以及自身所处的不同阶段。表中任务颜色的深浅代表在不同阶段中任务的关键程度和优先级，颜色更深的优先级更高，且每一个阶段的产出是下一个阶段的输入，从而形成一个系统、完整的核心下移的顶层工作任务与路径阶段安排。

例如部分银行采用重构模式，即业务架构和技术架构并行改造，以金融业的领域模型重构核心业务的同时配以主流的分布式架构支撑系统；也有部分银行采用平迁模式，保持原有系统业务逻辑和流程不变，仅通过选用分布式数据库来满足底层海量数据要求。

"普惠金融"是我们在金融行业转型中需要着重考量的另一个重点业务。

普惠金融是致力于持续提高金融服务公平性、可获得性的金融服务体系，是通过更有社会责任感的经营理念、更有效率的风控手段、更低的运营成本来使更大范围的客户群体获得优质金融服务。在普惠金融的发展过程中，数字化技术将扮演越来越重要的角色。

发展普惠金融需要做好以下三个方面的工作：

第一，灵活地管理，即在额度管理、计价定价、风险计量等体系中更灵活地支撑不同策略调整，适应不同区域、不同时期、不同行业、不同客户分层的普惠的要求。

第二，经济地管理，也就是通过降低单账户/单交易成本，进而降低综合财务成本。

第三，弹性地管理，业务系统可扩展支撑更大数量的中长尾市场。

普惠的客群对象和业务特点决定了其产品碎片化、上线周期短、业务变化频繁，要能够像积木块一样解构业务和技术能力，灵活配置、实现业务需要。金融机构的核心系统只有变得像一个可组装的流水化工厂才能应对环境的快速变化,而对长尾客户群体的支持,更需要一套易扩展的核心系统架构。

对于金融行业转型,我们应该清醒地认识到,要想让银行系统真正从"集中式"转向"云原生分布式",我们要做的,不只是技术架构模式的转变,更要打破集中式架构中固有的思维惯性和习惯(设计、开发、运维),以免因"身在此山中"而"不识庐山真面目"。

(本文整理自与阿里巴巴集团副总裁刘伟光的访谈)

# 汇付天下：
# 系统在云原生上生根发芽，数字支付落地开花

2017 年，北京外国语大学对留学生发起了一项调查——"你最想把中国的什么带回家？"

来自全球 20 多个国家的留学生给出的答案是：高速铁路、扫码支付、共享单车和网络购物，它们被统称为中国"新四大发明"。

我们可以看到，"新四大发明"背后有一个共同点，都离不开云计算、大数据这些新型基础设施来承载相关应用与服务。

同样在 2017 年，第三方支付机构汇付天下有限公司（以下简称"汇付天下"）董事长周晔在年中会议上提出一个在当时看来比较激进的想法：公司要进行数字化转型，成为一家为商户提供数字化解决方案的科技型企业。

当数字化成为不可逆转的时代潮流，周晔意识到，以支付作为切入点，助力 B（企业）端实现数字化转型意义重大。

在此之前，汇付天下需要先进行一场自我革命。从 2019 年底到 2020 年，汇付天下联合阿里云用 282 天完成了云原生变革。成为第三方支付领域除阿里、腾讯外第一家完成云原生建设的公司。

由此，汇付天下的技术架构实现跨越式升级，技术系统在云原生上生根发芽，为商户提供数字化解决方案的设想也在云原生上落地开花。

# 第六章 "点数成金",开启数字金融新时代

## 工程师签军令状,汇付天下"冲上云霄"

周晔当时的判断是,第三方支付行业在 C 端支付市场饱和之后,将重点转向 B 端商户,为它们打造数字化的支付解决方案。

2019 年,汇付天下开始为商家提供更多数字化服务,推出为中小商户搭建私域流量的 Adamall 线上商城,为小微商户提供一站式数字化经营服务平台的汇来米等,为航旅、基金、消费金融、大健康等多个行业基于不同场景提供聚合支付、账务管理、数据服务等综合支付解决方案。

从这一年开始,天南地北近千万家小微商户使用汇付天下提供的服务。业务虽然快速发展了起来,但却给 IT 基础设施的保障带来了巨大压力。在扫码支付快速发展的 2019 年,汇付天下每天受理的交易量较 2018 年翻了 10 多倍,固定成本成倍增加。

面对骤增的交易量,技术系统迎来了更大的挑战。以承载核心系统的 Oracle 数据库为例,基于传统架构的大型数据库不仅成本高,扩容和运维保障的难度也都很大。

阿里云新金融事业部解决方案架构师王瀛分析道:"支付业务快速增长,传统的技术和运维体系会严重影响交付速度,这需要基础架构有更强的弹性能力适应业务的弹性需求。"

当技术体系成为助力业务发展的重要后盾时,周晔意识到,拥有数字化的技术能力是公司的核心竞争力之一。

如果不能去 IOE、告别 OLTP(联机事务处理),就无法进入数字化时代。

从 2018 年起,汇付天下陆续把一部分系统进行了云原生的改造升级,并且有明显的降本增益效果。但在选择数字化技术的方向上,公司内部发生了激烈的技术路线之争。

在汇付天下要不要踏上云原生之路的讨论中，大部分人认为，可以使用部分"云"的资源，但要沿用传统的集中式架构；另一种声音认为，应按照"云"的特性对技术架构进行重新设计改造，实现完全的云原生。

云原生不是一个新概念，但这是与传统 IOE 架构截然不同的技术方向。云原生可以理解为采用云的技术，应用云的架构设计，并且运行在云的基础设施之上的技术。汇付天下首席架构师梁星元认为，云原生应该是技术系统由内到外的升级。只有多方位地使用云的技术、云的架构，才可能全面拥抱云原生带来的技术红利。

新技术与老技术之间往往没有折中妥协。在两种意见充分地碰撞交锋后，周晔拍板决定，采用完全云原生的方案，进行数字化的变革。同时，周晔也对云原生变革提出了最严苛的要求——平稳迁移，零宕机与客户无感。

对国内几大云服务商的多项技术进行测试后，汇付天下最终决定与阿里云合作。阿里云新金融事业部客户经理丁卫至今仍清晰地记得周晔当时说的话："我们要用，就用最好的云。"

这是肯定，也是鼓励。丁卫发现，许多支付公司都面临同样的痛点却没有勇气进行云原生变革，因为这个过程会面临旧系统被淘汰、大量人员流失等风险，稍有不慎就难以成功。因此，基于双方的信任度和深度合作关系，阿里云与汇付天下一拍即合，汇付天下的工程师们信心大增。

汇付天下把云原生变革命名为"冲上云霄"，在改造开始之前，汇付天下和阿里云对方案进行了数十次的技术评审，每个系统的升级方案摞起来都有厚厚的一叠。

为了保证云原生改造升级项目顺利完成，工作小组让所有负责人、工程师签下军令状，确保每一个系统、技术细节、进度都执行到位。至今，厚厚一摞捺印了指纹的军令状仍保存在档案库里。

让梁星元印象最深刻的是，阿里云也派驻了大量的技术人员从头至尾参与、分析、设计方案，保障项目顺利推进。阿里云在 B 端服务、支付宝等领域丰富的技术和经验储备大幅缩短了云原生技术改造的周期，他们成立的数据库专家团队专门负责答疑解惑，7×24 小时响应需求，为项目的顺利上线提供了保障。

"阿里服务响应的及时性，对我们的帮助是巨大的。如果没有他们，我们得花费成倍的时间。"梁星元说。

## 拥抱云原生红利

2019 年底，在汇付天下位于上海普天产业园的总部大楼里，经常到凌晨还能看见几十名工程师在大会议室里热烈地讨论着技术问题。

这些人聚在一起，进行一项"高速路上换轮胎"的"带电操作"。

这是汇付天下正在进行云原生变革最关键的核心系统切换环节，也就是去 IOE。这个过程，既要保证 IOE 系统正常提供服务，又要将核心系统全面改造成云架构，并且顺利从传统数据库切换到符合云技术要求的数据库。而甲骨文公司的闭源 Oracle 数据库，更增加了系统切换的难度。为了尽可能减少对商户的影响，他们选择在凌晨进行。

回望"冲上云霄"的 282 天，梁星元感触颇多："这件事真的非常难"。前所未有的技术改造难度、缺乏经验、意见不一……这是汇付天下公司史上最重大的项目，给汇付天下的工程师带来的压力是空前的。

但变革的决心战胜了对未知的恐惧。2020 年 10 月 14 日，历时 282 天，汇付天下完成对所有系统、上百个应用的云原生改造，且达成了"不能影响业务一秒钟"的零宕机目标。

冲上云霄后，汇付天下最显著的变化是成本大幅下降：在交易量翻倍的情况下，数据库成本却下降了 75%。

而对程序员来说，改造后最欣喜的变化就是交付效率大幅提升，"原本需要一两个月交付的项目，现在一周左右就能完成"。业务上线原本需要一个月时间，现在只需提前 2～7 天申请资源，缩短了 70% 的时间。

2020 年，汇付天下的日交易处理能力达到亿级，数据量增长 30%，性能却没有丝毫下降，其系统的可用性、稳定性更高。一般来说，支付行业系统稳定性能做到 99.9% 已十分不易，99.99% 更是许多企业无法承诺的，而汇付成为第三方支付行业第一家向客户承诺 99.99% 稳定性的公司。

在交谈过程中，梁星元多次提到云原生变革让公司一大批工程师的技术能力快速提升，并且给他们带来了自豪感、荣誉感，以及最重要的自信心。大批工程师签军令状倾情投入云原生变革后，汇付天下的技术状况发生了巨大的变化。

2020 年初疫情期间，汇付天下有大批工程师在湖北居家办公，但这些人参与的项目全部按时完成，背后的原因是汇付开发项目方法论的改变。

"现在，我们的开发技术、开发工具基本跟一线互联网公司持平。我们有充分的条件吸引更优秀的人才加入，这里可以给他们提供很大的成长空间去精通业务、精进技术，激发更大的创新热情。"梁星元作为汇付天下云原生变革的技术牵头人，对这种变化有着强烈的感受："在很短时间内就能获得非常强大的能力。"

云原生变革成为汇付天下数字化转型中的里程碑事件，为企业的整体数字化打下了良好的基础。技术系统的改变、效率的改变，也带动产品、运营、风控等部门的数字化转型。

更重要的是，汇付天下借此收获了数字化技术。这是一张科技型公司登上数字时代的"船票"，让他们具备可持续发展的竞争力去拥抱开源、自研和创新。

## 以支付为触点，让数据创造价值

曾经，汇付天下因眼看着每天产生巨量的数据却无法充分利用而焦虑。这些数据相当于生产资料，是一座沉睡的"金矿"，但是大数据的分析和应用效率严重受制于传统技术系统、数据库等 IT 基础设施。

踏上云原生之路后，汇付天下的大数据处理能力有了质的飞跃。在传统离线处理模式下，需要隔天才能得到响应的数据。如今，有了充足的云算力和存储空间，已经能做到立即发现、干预、分析，数据响应速度大幅提升。企业可以更快、更低成本、更全面地把数据挖掘利用起来，提高生产资料的使用效率。

强大的实时计算和数据处理能力极大地拓展了汇付天下的业务空间。从传统数仓升级到数据湖平台架构后，云计算提供了更多的空间储存明细、非结构化的数据。更全维度的数据有利于未来 AI 相关业务的开展，支撑创新业务的实现。

2021 年 9 月 22 日，上海电影广场举行了一场以"斗举千钧，拱展八方"为主题的发布会，汇付天下发布了其全新打造的支付平台——"斗拱"。

斗拱，是中国木制建筑的横梁和立柱之间承重的关键性部件，寓意从传统的支付公司发展为数字支付生态平台的汇付天下，已成为商业运行的重要支撑。

汇付天下希望斗拱解决 B 端的支付痛点，在降低开发支付解决方案门槛的同时，方便运维人员看到资金流动状况，获得秒级数据。

与此前的收单业务不同的是，斗拱是一个 PaaS（支付平台即服务），面向企业商户、平台客户、ISV（独立软件开发商）、SaaS、四方支付、银行、收单外包服务商、支付开发者等八类客户群体，也全面对接了支付宝、微信、银联、商业银行和金融机构等合作伙伴。

基于云原生技术，斗拱汇聚了汇付天下所有的产品能力，为商户提供"简单、完整、增长"的支付体验。商户可以通过 API 接口使用斗拱完整的后台，平台上有最基础的收款工具，还有清结算、资金管理、数据管理、经营分析等功能。

斗拱平台包含支付基础设施、易定制化的支付平台、开放的解决方案介入体系。在梁星元眼中，"斗拱平台像建筑中的斗拱一样，能非常方便地帮助客户搭建一个易用的平台，像搭积木一样，在汇付天下的平台上搭建他们自己的业务闭环"。

云原生平台上提供的低代码开发功能，使汇付成为"像搭积木一样"易定制的支付平台，可以更低成本、更高效地满足商户定制化、场景化的需求。

在传统的技术架构下，支付公司无法为商户提供低代码开发功能，因为每一项业务、工具的上线使用，背后都需要配备大量的计算资源、存储资源、运维服务等。进行云原生重构后，依托于阿里云弹性供给的云计算资源，汇付天下不仅可以帮助客户快速部署业务上线，还为客户提供了齐全的开发工具，让各方的工程师能够快速接入平台、高效协作。

斗拱的发布，代表着国内支付基础设施的一次重要升级。作为一个支付基础设施产品，斗拱以 PaaS 的技术形态将前沿的云计算、大数据等科技下沉一级，帮助 B 端商户以简单友好的方式获得数字化技术和能力，真正助力各行业提升运营效能、数字化管理能力、支付体验和资金管理效率等。

"支付是数字化最重要的触点。"周晔早已意识到支付行业所蕴含的能量。技术改变了支付，支付连接了场景，场景沉淀了数据，而数据创造价值。

在解决 PaaS 的技术难题后，汇付天下将思考如何构建平等互惠的 B2B（从企业到企业）生态，继续以支付为触点，通过支付的数字化，撬动更大范围的数字化转型升级。

# 03

## 智见生活：以人为本，成就当下美好

# 第七章
## 为科研和教育插上数字的翅膀

用"巨变"来形容 2021 年的教育行业并不为过。

2021 年 7 月,"双减"(减轻义务教育阶段学生过重作业负担和校外培训负担)意见公布后,体制外的培训机构曾经主营的课外辅导、K12 培训等业务面临转型,诸如素质教育、教育硬件等业务成了香饽饽。

对于体制内的学校来说,不论是中小学还是大学、科研院所,随着"教育新基建"的倡导越发深入,学校、师生、家长都对教育信息化有了更为清晰的认知与更高的期望,诸如智慧校园、排课系统、作业服务、家校共育等场景有了数字化落地的图景,教育行业也在集体思考,除了疫情下"上网课"这一常规场景外,还有什么地方是可以用"数字化"提升效率的。

"要想富,先修路",教育信息化建设已经进行了二十余年,在教育信息化 1.0 阶段,我们能看到教育信息化建设更多是进行硬件布局,比如运营商网络、学习通系统、各个学校的门户网站等。如今教育行业已经基本完成了基础设施搭建,道路修好了,教育数字化又转向了教学资源,也就是教育终端与教学内容。如今在校园里,电子屏幕、Pad 教学、移动端作业上传等多端数字化手段层出不穷,教学素材也从过去单一的图文,演变成了更丰富的资源形态,如音视频资源、成体系的课程资源、直录播课程资源等。2020 年,全国教育信息化经费投入约为 3863 亿元,同比增长 14%,国家对教育数字化的重视程度可见一斑。

## "评价"是教育数字化的关键

在"双减"风暴尚未席卷行业以前,由于唯分数论的导向,校外学科类培训迎来了高光时刻。然而,教育的目的并不是帮助学生一味追求高分,而是要以"人"为本源,重视学生素质的全面发展。

2021年8月16日，教育部在其官网刊登了《校外培训机构转型路子多》一文，为学科类K12培训机构指明了转型路径，全部是围绕教育行业进行的：助力校内教育，加强素质教育，指导家庭教育，发展职业教育，服务终身教育，促进乡村教育振兴，扩大教育对外开放。

校内教育，素质教育，乡村教育振兴，扩大开放……这些关键词，也为教育数字化的方向指明了道路：要想推动教育信息化，进行教育教学的数字化改革，必须要端正做教育的态度和思想，要以"人"为本源，重视素质教育，不要让下一代成为单纯的"应试机器"。

在实施路径上，我们可以看到教育数字化有如下可以发挥价值的方向：

### 1. 整体的教育管理

在过去的教育管理中，对教师队伍的管理往往通过填表进行，如今这些手段已经落伍，为了实现全国教育"一张表、一幅图"的目标，应该通过数字化手段，实现基础教育赛道中的教材、教学方法、教学手段的统一；而在行业发展上，可以通过建设智慧平台的方式，分区观察不同省份的数字化发展水平，以尽快查漏补缺。

### 2. 数字化的"下沉"能力

在国内"教育新基建"的改造计划中，底层的数字化建设，诸如网络、安防等基础设施已然完备，但放眼国内，仍有部分学校只是在个别教室或办公室实现了数字化，尚未扩展为普遍性能力。

同时，在校园数字化建设过程中，除了核心教学流程外，其他诸如人才管理、学科建设、人财物事等环节，也都有着数字化支撑的需求，如何让数字化下沉到学校里的各个场景，是个亟待探索的问题。

### 3. 构建生态伙伴

由于教育体系里教职员工、学生、家长的需求多种多样，在构建校园数字化时，单靠一家企业难以完成，尤其是在学科建设环节，诸如语文、数学这类教学资源，都需要引入更多的生态伙伴，共同构建面向校园乃至教育的数字化支撑体系。

在这三个方向的基础上，最大的难点集中在教学数字化的"评价"方面。

在过去唯分数论的惯性下，不论是校内教学还是课外辅导，都习惯以分数作为量化指标衡量孩子，但随着素质教育的权重加大，应该用更灵活、更科学的评价方式辅助学生的成长。比如"绘画"科目，就很难用绝对指标去评判谁画得好，谁画得不好，因此在评价角度，就不能用分数去衡量。

这也是教育数字化的关键，我们对于数字化的期望，应该是利用数字化为培养人才赋能，而不是围绕数字化本身进行人才培养。这两者的本质区别就在于，即使为教育插上了数字化的翅膀，也要回归教育初心，而不是将数字化沦为挣钱的工具。

## "校园"是数字化改革的核心

如果我们按照机构性质来划分为，数字化的落地方向有两类：一类是体制内的校园，另一类是校外辅导机构。

毫无疑问，在"双减"之后，体制内的大、中、小学成为数字化改革的核心阵地。2021年7月的"双减"意见指出，要提升课堂教学质量，教育部门要指导学校健全教学管理规程，优化教学方式，强化教学管理，提升学生在校学习效率。

那么，在体制内的校园该如何推进数字化？

（1）要明确意愿，找到"同路人"。作为学校方，首先需要明确自身的数字化变革需求,就是痛点在哪,才能够找到适合的合作方来对症下药;而对于从事数字化领域的企业来说,也要找到愿意同路的学校,否则双方只能鸡同鸭讲,无法切实落地改革。

(2)要找到"先锋"校长,发挥共创。教育行业的场景分散,从校园管理、教学、教育资源、学生培养、家校联动,涉及对象有校长、行政人员、信息老师、学科教师、学生、家长……要想在这么复杂的场景和角色中找到头绪,必须由校长自上而下地推进,再由学校和合作伙伴共同试错、共创,一个个模块和产品逐步推进,才能看到数字化的效果。

(3)要让"校园"看到数字化的效果。数字化不是口号,而是要真实地发挥作用,不论是大学里的科研老师借助云资源解决研究难题,还是中小学老师通过数字化手段让家长更好地参与校园活动,都是学校场景里可以被切实解决的问题。也只有这样的效果显现出来,学校里的各个角色才能被激励,甚至"燃烧"起来,往后推进数字化才会少些阻力。

总的来说,数字化虽然从表面看来是工具平台、方法抓手,但运用时要回归教育的初心,去思考如何培养学生的全面发展,让他们成为未来的优良公民和社会人才。

# 浙江大学：
# 抗击新冠，修缮莫高窟，用技术赋能高校科研

2020年，21世纪20年代的第一年，一种后来被命名为"新型冠状病毒"的病原体席卷全国。1月20日，国家卫健委高级别专家组组长钟南山通报：新冠肺炎"人传人"；三天后，拥有900万人的武汉宣布"封城"，尚处于农历新年的中国，被按下了"暂停"键。

"我们能做些什么？"看着身在一线的医护人员的种种抗疫壮举，浙江大学医学院教授、博士生导师陈伟坐不住了。作为长期研究感染与免疫学的学者，陈伟深知，要想切断新冠病毒的感染，必须先找出病毒入侵人体的方式，这样才能为后期开发抗体药物打下基础。

可在当时，面对这样未知的病毒，要追溯其形态变化与入侵人体的路径，势必需要庞大的运算资源，更何况，随着新冠病毒感染人数的节节上升，研究已经迫在眉睫。

"单单利用自己的资源，是来不及的。"陈伟心急如焚。

闪念间，陈伟想到了一个人，他马上掏出手机编辑了一条信息，按下了发送键。

收到陈伟的消息时，阿里云智能副总裁刘湘雯也在为疫情而揪心。当看到陈伟提出，希望借助阿里云强大的运算资源模拟新冠病毒的演化过程，从而筛选出适合的抗体药物时，她几乎没有任何犹豫就迅速拍板——打电话、发邮件、拉团队、配资源，不到两周时间，由阿里巴巴

公益基金会拨付的云计算资源就划给了陈伟。

疫情之下,忙碌的不仅仅是陈伟的医学研究团队,还有浙江大学计算机学院的副教授董亚波。即使身在杭州家中,董亚波也能通过互联网,对3000公里外的珍贵文化遗产——敦煌莫高窟的洞窟环境状态进行远程监测。登录"浙大文博云平台",他还能实时看到全国数十处珍贵文化遗产地和博物馆的大气环境、微环境、文物本体健康状态等数据。

这一切都要归功于2018年阿里云与浙江大学的合作。彼时,阿里云与浙大共同发起智云实验室,进行高校数字化探索。很快,阿里云就为浙大部署了一套专有"云",而专注文物保护的董亚波,就成了第一批用户。

通过阿里云积累的数据库技术,董亚波找到了更适合文物监测数据类型的数据库产品,将访问性能提升了十几倍;同时,董亚波还将敦煌经验应用到更多文物保护项目中,如四大石窟之一的天水麦积山石窟、永靖炳灵寺、瓜州锁阳城、宁波保国寺等,还有许多博物馆的预防性保护项目。

不论是抗击新冠肺炎,还是协助修缮莫高窟,都是浙江大学与阿里云在校企合作中的经典案例,也是阿里巴巴集团将技术以公益形式落地的代表。放眼全国,还有更多像陈伟与董亚波这样满腹学识,但苦于找不到资金与技术支持的学界人士,而他们与阿里云的合作,将在行业产生"1+1＞2"的社会与商业价值。

技术公益也在成为阿里巴巴内部更加系统的目标。2019年3月,阿里云智能事业群总裁张建锋宣布成立"阿里巴巴经济体技术公益委员会",在公开信中,张建锋谈道:未来,技术公益委员会将为工程师的技术公益行动提供公司层面的制度支持和资源保障,从推广科学精神、赋能公益组织、员工公益行动三方面让科技更具温度。

## 与新冠赛跑：把 4 年压缩成 200 天

如果从 2020 年 2 月陈伟团队与阿里云启动合作算起，到同年 10 月陈伟拿到新冠肺炎疫情基础研究成果并投稿至国际权威期刊，只花了不到 7 个月的时间。而如果没有阿里云，陈伟认为这个过程需要 4~5 年。

作为长期研究生命科学的学者，陈伟深知，要想抽丝剥茧地将新冠病毒产生、传播、感染的路径展现出来，其难度拿大海捞针比喻也不为过。在新冠病毒的表面附着着一层蛋白质，名为"刺突蛋白"，它由数千个氨基酸分子组成，再加上热运动（布朗运动）的驱使，环境中无数的水分子与蛋白质中的原子不断地动态地相互作用，影响刺突蛋白的形态。因此，要想计算出刺突蛋白的演变形态，谈何容易。

"我们要计算原子和原子之间的距离，以及它们的相互作用力。你可以想象，这是数十万个原子的集合，还有位移、作用力随时间动态变化，其中的数据量是极大的。"陈伟说。

在过去，陈伟要进行类似的生物模拟计算，只能调用浙江大学内部的小型服务器资源。但这种小型服务器不论是算力量级还是申请周期，都不适用于当时迫在眉睫的新冠病毒研究。

回忆起阿里云雪中送炭的 8 台神龙服务器，陈伟觉得，那是一段可以称为"热血"的时光。

因为疫情防控，陈伟与阿里云的同事始终保持远程沟通，很多需要线下盖章审批的合同没办法进行，但阿里云为了确保资源及时到位，在内部开辟了绿色通道，将一切烦琐的审批流程取消，确保研究及时开展。

有了云计算的加持，陈伟团队很快取得了新冠病毒的重大研究发现——他们模拟出了新冠病毒感染人体的关键第一步（刺突蛋白激活）的全部过程。

新冠病毒表面的刺突蛋白由 S1、S2 两部分组成，当 S1 中的受体结合域成功识别人类黏膜组织细胞膜上的受体蛋白后，便开始脱落，同时激活 S2 区域，新冠病毒便开启了入侵感染宿主的征程。

"新冠病毒激活刺突蛋白并膜融合的过程，就像是一个帽子脱落的过程。"陈伟形象地比喻道。

但光有识别还不够。在陈伟眼中，新冠病毒非常"狡猾"，不仅会产生氨基酸和原子的突变，还会逃避疫苗的作用，这就对研究人员识别新冠病毒提出了更高要求。

目前新冠抗体药物的主要设计原理，是阻断 S1 中的受体结合域和受体蛋白的结合，但是受体结合域在不断发生突变，而且刺突蛋白还可以通过其他宿主细胞膜蛋白进入人体，因此通过上述策略很难长期有效地将病毒阻挡在人体之外。

陈伟团队在最新研究中揭示了生物拉力在新冠病毒入侵宿主过程中的重要作用，提出了一种全新的抗体筛选及设计策略：锁定 S1 与 S2 结构域，增加刺突蛋白力学稳定性。这项研究初步阐明了新冠病毒入侵宿主细胞的力学生物学规律，为新冠疫情防治提供了重要的理论基础。

陈伟团队参与新冠疫情相关基础研究取得的成果，在 2020 年 10 月的国际权威期刊《细胞研究》（*Cell Research*）上以封面文章形式发表，获得了国际学术领域的广泛认可。

## 用云计算延续古迹的生命力

2006 年，董亚波第一次见到莫高窟的壁画和彩塑，就被其中沧桑厚重的美深深吸引住了。可这种美丽却是脆弱的，这些始于十六国和北魏时期的壁画，已经经历了千年风沙的侵蚀，不少文物开始褪色、剥落、开裂。

敦煌研究院的文物保护人员告诉董亚波，除了自然因素，壁画彩塑的另一个劲敌就是洞窟开放时游客带入的水汽和二氧化碳。

根据敦煌研究院的一项研究，每40个游客参观半小时，洞内的二氧化碳值就会升高7.5倍，空气相对湿度上升10%，温度升高4℃。而当空气相对湿度超过62%时，壁画深处就会产生一种被称为"水盐运移"的现象，进而在壁画表面结晶，引起壁画酥碱和破裂。

不经意的人为损坏加重了经年累月造成的侵蚀，再加上风沙等自然因素的影响，这些壁画文物正在一天天地"衰老"。

"古代人的智慧和力量远远超过我们的想象，一种想要保护她的念头油然而生。"看着束手无策的当地研究人员，董亚波决定用科技的力量延长敦煌古迹的生命。

感知数据是第一步。要想及时获取洞窟的各项关键指标变化，董亚波需要研制一套实时反馈的环境监测系统。为此，他带领团队研发出了一套定制传感器，在深度、构造各异的洞窟中，能够确保信号传输的稳定，同时拥有足够低的电能消耗，只需要两节五号电池，传感器就能工作整整一年时间。

在给洞窟安装上一个个传感器后，数据是有了，可新的问题接踵而至。

和我们常见的互联网用户数据、银行交易数据不同，敦煌莫高窟内的传感器数据有着显著的特点。用董亚波的话形容，就是"细长型"数据：由于传感器数量多，且每分钟都在传回温度、湿度、二氧化碳等数据，导致产生的数据条数很多，但这些数据容量又不大，这就与传统数据库产生了不适配的问题。

"当时我们的服务器页面访问速度已经很慢了，打开一张复杂一些的曲线图就要好几十秒，如果想一次性访问一年或者更久的数据，根本不可能做到。但是在文物保护研究中,这样的长期历史数据的实时访问又是必要的。"董亚波回忆道。

屋漏偏逢连夜雨,就在董亚波团队苦苦寻觅新的数据库产品时,另一边,文物古迹地的 IT 运维又出了问题。

在"上云"之前,各个文化遗产地的监测数据都存储在当地自建的服务器里。这种传统的 IT 基础设施不仅不划算,对运维能力的要求也较高。

董亚波还记得,有文物监测项目曾发生过数据丢失:因为当地服务器磁盘长期处于无人维护状态,且大部分古迹都位于供电不稳定的偏远地区,时常会发生停电损害磁盘的突发情况,严重时可能会造成长达数年的文物监测数据全部丢失的情况。

"这种情况一发生,我们所有的努力都白费了。"董亚波说。

为了解决产品和运维上的难题,董亚波多年奔波在去往各文化遗产地的路上,也找过多家企业单位,但都没办法根治这些痛点,直到 2018 年浙江大学与阿里云成立智云实验室,他才迎来了希望的曙光。

基于阿里云的高性能技术底座,浙江大学搭建了一套"文博云"。董亚波将曾经分散在各个文化遗产地的各类监测数据,逐步迁移到统一的云平台上,如果服务不够或者需要扩展新的古迹点,只要在云平台上扩展资源就好,再也不用为监测数据的安全性担心了。

因为省去了自建服务器的步骤,线下运维的问题也迎刃而解,不管是董亚波还是当地文物研究人员,只需要一台电脑或者一部手机登录并访问"文博云"平台,即可看到传感器实时传回的环境监测数据。

此外,令董亚波烦恼多时的数据库问题也解决了。在与阿里云的技术人员合作尝试了多款数据库产品后,董亚波最终选定了云原生多模数据库 Lindorm。这类数据库产品以"时间"为核心节点,基于特定时间内的数值变化进行优化存储与管理，大幅提升了服务器访问性能，曾经卡顿的现象不复存在。

## 校企合作：用技术赋能高校科研

翻看阿里云智能副总裁刘湘雯的日程，这位曾入选福布斯中国"2020科技女性榜"的阿里高管，有着很多看似"务虚"的行程。除了出席正常的商业合作活动，刘湘雯的足迹还时常出现在北京、上海、陕西等地的大学与研究所，而她所做的，就是用阿里云的技术资源赋能高校科研，成为推动学术成果转化的技术推手。

陈伟团队已经投入又一场围绕新冠病毒的研究了。他长期致力于研究生物力对蛋白质的动态调控规律，理想是未来5~10年内让中国拥有自己的原创药物。"搞清楚病毒的突变过程，获得感染路径，再去改进药物研发设计，这部分基础研究，过去我们是存在短板的。但现在阿里云这样的企业也能参与进来，我相信我们一定能做到。"陈伟踌躇满志地说道。

董亚波依然与阿里云的技术人员亲密合作，孜孜不倦地探求文物保护的最新技术应用手段。如今，他已经基于阿里云的人工智能应用，打造出一套针对文物保护的预警模型。

通过前期对文物所处环境和文物本体损坏状态进行监测获得的大量数据，结合对文物材料的分析与老化实验，利用大数据分析和人工智能技术，得出其中的关系规律，再设定相应的阈值，就可以设置一套预警模型。"什么环境是正常的，什么情况表明文物可能出现了异常，未来都能尽早知道，从而提醒文物保护专家及时开展检查与修复。"

不论是抗击新冠病毒还是守护文化遗产，与浙江大学的校企合作，只是阿里云技术公益落地的一个缩影。

"未来我们将联动更多合作伙伴,探索更多的需求场景,将科技应用于更广泛的公益领域,去解决数字鸿沟、教育、医疗、环保等难题,在服务社会的过程中体现科技价值与科技温度。"刘湘雯指出。

还记得 2019 年 3 月阿里巴巴经济体技术公益委员会成立时,阿里云智能事业群总裁张建锋发布的那封公开信吗?在那封信的最后,张建锋写道:

"我们相信,科技的真正力量,在于利用科技成就更多人。"

## 胜利小学：
## 把数字化的"万吨巨轮"开到"小渔村"

隔着屏幕，阿里云业务发展专家罗成第一次见到胜利小学校长郭荣强，"这就是我们要找的人。"罗成心想。

屏幕里，郭荣强正在一场公开活动上分享自己近年来尝试校园数字化的心得。他在基层当过信息技术老师，做过网管，管理过乡镇学校，后来又去教育行政部门任职。2019年8月，郭荣强来到杭州市胜利小学，担任这所拥有420多年办学历史的名校校长。

"数字化"是郭荣强一直在尝试的举措。2020年1月疫情暴发以后，郭荣强利用当时胜利小学采用的信息平台，迅速搭建起一套疫情信息回收系统，让学校的一个管理员就能完成全校所有家长的数据填报收集工作，这项措施当时在国内校园尚属首例。

有一线教学经验，在学校管理岗位和教育局机关均有工作经历，更可贵的是，郭荣强对互联网信息技术还有着较为深入的理解，这让他在数字化尝试中有着清晰的产品认知和落地规划——这些特质，让已经有着数百年历史的胜利小学，成为一片数字化试验的"沃土"。

"郭校长有过不同维度的管理视角，会把数字化这件事想得很全面，又能把需求描述得非常清楚，这就减少了很多产品化过程中的沟通成本。"罗成说道。

"胜利小学"还有着独特的名校光环。作为浙江省实验学校，该校是教育部首批授牌命名的全国现代教育技术实验学校，也是浙江省办学历史最长的学校之一。目前，胜利小学（及领办的集团学校）有四个校区，90个教学班，近3600名学生。

前述种种，都是罗成下定决心要与胜利小学达成合作的原因。在罗成看来，胜利小学是杭州名校，钉钉是国内最大的企业服务公司，完全可以"强强联合"，共同探索教育数字化的样板案例。

2020年3月底，罗成与同事信心满满，准备登门拜访郭荣强，可现实却不如他们想象中顺利⋯⋯

## 校长的担忧

在与钉钉合作之前，不论是国内的互联网巨头，还是规模较小的服务商，郭荣强都有过合作经历，对他来说，这两种不同类型的合作方，各有利弊。

规模较小的服务商，因为组织小，所以在需求反馈上更加敏捷，郭荣强在教育数字化上的不少产品构想，都能得到及时的反馈。可问题在于，这类厂商因为规模较小，不论是线下的交付和服务能力，还是能撬动的资源方面，都有局限性。

而钉钉这样的公司，虽然产品和服务能力有目共睹，但在历史经验方面，钉钉以服务商业化企业为主，胜利小学作为一家国有教学机构，并不是钉钉传统意义上的主流客户，能否得到钉钉的重视？郭荣强心里没底。

郭荣强向笔者打了个比方："钉钉是一艘万吨巨轮，我们学校就是一个小渔村，你这个万吨巨轮确实厉害，载着无数宝藏，可如果你开不到我这个渔村里，我其实也获得不了什么东西。"

郭荣强的担忧不无道理。在互联网巨头的服务模式中，大多采用"平台+服务商"的交付模式。举个例子，一家黑龙江的企业如果需要钉钉的解决方案，可以通过东北当地的服务商获得就近的交付服务，这样既能延伸钉钉在各个区域的服务能力，也提升了双方在异地对接的效率。

但由于服务商作为平台与企业的"中转站"，有时会出现沟通信息的折损。来自企业需求端的产品规划思路，最开始可能是10分，但通过对接的销售带回需求，转给产品，再传给技术研发，中间的信息会折损。

更关键的是，教育行业本身的数字化难点，强化了这种信息沟壑的存在。

教育行业的场景极其分散，本质上，教育是关于"人"的工作，这就意味着其业务流程中充满了个性化与定制化需求。即使是一线教师出身、在教育岗位上耕耘了几十年的郭荣强，也坦承要想讲透教育行业里的需求，确实很难。

教育场景究竟有多复杂？杭州市胜利小学骨干教师侯晓蕾以听评课系统举例：

传统的教学备课存在三方面问题。一是教研检查费时费力：分管领导对教研工作的检查往往需要收取备课本、听课本、评价表等，耗时耗物耗力。二是备课效果不尽如人意：有一些教师不重视听评课，应付检查，让教研工作失去了本质的意义。三是评课反馈无法直达：听课老师的意见建议一般都直接记录在听课本上，不利于分享。除了教研现场反馈外，执教老师无法了解每一位老师的听课感受；教研成果也难以保存，对学校来说，老师的听课本、备课本难以保存和集中管理。

郭荣强也给笔者举了一个常见的例子：比如在老师的日常工作中，"调课"表面来看只是老师之间相互换课，但全校数百名老师，每个人对应的班级、课程、上课时间需要同步显示，当A老师向B老师发起能否换课的需求后，B 老师需要反馈"是或否"，再实时同步到教务处审批……这套流程要体现在系统里，需要强大的数据库与应用体系来支撑。

"这就是为什么教育行业的产品需要精准描述。你要把这个事情跟开发团队讲清楚，否则程序员是开发不出来的。"郭荣强说道。他又补充道："过去是从教育的角度去思考，现在得用程序的大脑去判断。"

听完了郭校长的种种担忧，钉钉团队许下了"贴身服务"的承诺，即不用服务商，由钉钉团队派出精锐力量，为胜利小学的数字化铺平道路，"一定要把这艘航空母舰开到你的渔村里"。

钉钉团队的回应，也让郭荣强看到了决心，抱着试一试的态度，郭荣强同意与钉钉开展部分合作。不过，得到了校长的许可，只是钉钉与胜利小学数字化长征中的第一步。

## 从"试着用"到"被认可"

2020 年 4 月，钉钉与胜利小学开始了合作之旅，在前期的合作中，为了验证钉钉的产品与服务能力，郭荣强并没有操之过急，将全校系统瞬移至钉钉，而是采用了按部就班的节奏，先让钉钉尝试性地做了第一个版本，也就是"胜利钉 1.0"。

针对繁多的教育行业场景，在首个版本的功能选择优先级上，郭荣强也有一番他的思考。

"回归基础"是胜利钉 1.0 的重要特点。不少校园在"笔记本电脑进课堂、电子黑板"等线上教育、翻转课堂方面看似进展不错，但回头看，诸如校园通知这样最基础的信息化工作都没做好，学校里的通知要去社交软件里"爬楼才能找到"，这成了校园信息化里存在的一个悖论。

"我们的信息化围绕两个关键词，一个是拓展能力，就是你原来不能做的事情现在能做；另一个是提高效率。人的认知习惯就是这样，能省力就不要费力，否则怎么能推得下去？"郭荣强谈道。

为了让教师使用钉钉更加便利，在软件的应用性上，郭荣强还提出"三秒三步"原则，即从口袋里拿出手机，打开钉钉，找到所需要的应用，必须在3秒、3步内完成。

基于这些思考，胜利钉1.0囊括的功能有校园公告、家校通知、公文流转、教师请假、班级圈、物品报修、会议室预订等26个高频应用，这些看似朴素的功能，实则也是老师日常工作最刚需的应用。

侯晓蕾对听评课痛点的反馈，也在胜利钉中得到了解决。如今，老师们在"听课记录"中填写日期、学科、班级、执教老师、课题等听课信息，以方便后期搜索查看；"听课记录"以课堂教学环节为单位项目，进行图片、文字、点评三方面记录，以增加项目的方式记录多环节；"总评"输入意见反馈。

另外，胜利钉上的听评课系统还能实现"实时暂存"功能。为防止手机操作过程中误退或来电终止等意外发生，系统每隔5秒会自动暂存；意外退出后，再次进入也会提示是否载入前次未存的数据；最后，为了方便老师后期查看，听评课系统可以按上课老师、听课老师、学科分类等方式进行检索查看。

而在落地功能的使用对象上，郭荣强遵循了"先易后难"的原则。

在管理上，郭荣强在胜利钉1.0的功能筹备中主要侧重于老师群体，这是因为涉及管理教师队伍，作为校长的推动与管理力度能更大一些。先让老师上手，再逐步让学生、家长共同参与，这样的顺序也符合校园里的关系链。

而在产品功能的推进上，"先易后难"是指先从校园管理平台入手，再逐步向教育教学方向延伸。后者诸如课堂模式变革、课堂样态更新、学生学业状况分析、个性化题目等,都需要投入大量的人力开发单独应用,因此难度也更大。

"要先培养教师与家长的习惯,让他们离不开信息化工具,建立起黏性后,再来推动基于课堂的应用,他们就会自然而然把它用上。"郭荣强总结道。

为了让胜利小学的师生顺畅地迁移到钉钉上,钉钉团队也在产品打磨上下足了功夫。

疫情之后很长一段时间里,远程教学成为常态,钉钉凭借其多年服务企业视频会议场景的经验,在远程视频产品功能上,顶住了胜利小学的高并发等技术难题(比如最高 500 人同时在线的直播功能),确保了全校师生的教育教学工作正常开展。

2020 年 6 月,临近暑假,钉钉开发了"在线家长会"功能,由于期末考试后的家长会是全校师生必须参加的活动,也就顺理成章地让家长、学生搬上了钉钉;而在暑假来临后,为了让师生进一步习惯使用钉钉,钉钉团队还研发了暑假作业上传、体育锻炼打卡等活动,以增加师生用户的黏性。

除了产品上的不断打磨,真正打动郭荣强的,则是钉钉的服务精神。

自从 2020 年 4 月展开合作后,两个月的时间里,罗成和团队几乎每周都会去胜利小学"驻场"两次,在一线收集老师、家长的反馈。

罗成清楚地记得,有一次郭校长对钉钉的"公文流转"功能提出了意见,收到反馈后,罗成与产品团队将需求梳理到凌晨三四点,周末又加班,最终完成了产品功能的修改,这样的服务态度也得到了郭荣强的认可。

"教育用户,最重要的就是服务,这件事情没有捷径。因为学校的业务场景确实太过于分散,也太过于个性化,而且老师的本职工作应该是关注教学本身，信息化就是为他们提效的，所以服务变得很重要。"罗成谈道。

从应用开发到实现，胜利钉 1.0 前后只用了 3 个月的时间。目前，胜利小学教师、家长日常在线活跃人数近 8000 人，是钉钉上活跃度极高的学校组织之一。

## 胜利钉 2.0：从教师管理到教学变革

在科技的加持下，如今的胜利小学，正在尝试将数字化融进校园的各个角落。

老师、家长打开钉钉应用，弹出的不是通用版钉钉那样面向企业的多流程版本，而是更为简洁明了的"九宫格"视图，不论是郭荣强的日常公文流转，还是供家长查看孩子饮食的"每日菜谱"，都能迅速找到相应的功能。

胜利小学的数字化不止局限在手机里。走进胜利小学的校园，每个班级的门口都有一块可触控的电子班牌，实时动态更新校级新闻、通知、资讯、班级动态、课表等信息，其中最出彩的是"班级圈"功能，家长们在放假期间给孩子们拍的照片，发到钉钉班级圈后，可以与这块电子班牌实时同步，这样同学们可以知道彼此在假期里去了哪里玩，做了什么。

在杭州市胜利小学副校长杨灿云看来，钉钉的合作较以往的数字化项目有以下不同：

一是理念。与传统的单纯为了实现信息化而定制各种信息平台不同，胜利小学在推进数字化过程中，希望依托钉钉平台构建一个"数智场景"教育教学服务新平台，寻找以数智化手段推动学校高效治理、教师专业发展、学生个性成长的新型服务方式，解决学校高质量发展过程中的各种问题。

在使用钉钉之前,大多数学校都有过这样的感受,平时沟通交流用微信,资料传送用QQ,文件传输用OA等等,缺少一个既便捷又高效的平台。此次胜利小学在推进过程中和钉钉美好相遇,解决了学校信息化平台的整合问题,工作用钉钉,成了我们的一种习惯。教师只要进了校门,钉钉几乎涵盖了师生一日在校的所有场景,调代课、听评课、物品申领、病事假、健康监测、档案管理等等,高度整合的平台让师生不用在各种平台、各种密码之间切换。

二是个性。钉钉是一个开放的平台,既有自带应用,又有第三方生态伙伴助力,可以满足不同学校的个性化需求。胜利小学在推进数字化过程中,一方面着眼于钉钉自带应用的流程优化,另一方面积极寻求钉钉生态伙伴的助力,为学校打造一个个基于场景化思考的个性应用。

这些应用的最终目的是积淀和分析"数智场景"服务于学校治理、教师发展、学生成长的各项数据,从而促进学校办学从"管理"到"治理"、教师发展从"粗放经验型"到"精准专业型"、学生成长从"模式化"到"个性化"的转化,实现学校治理能力、教师专业发展能力和学生自主学习能力的提升。

"我觉得胜利小学在数字化项目推进过程中,最大的问题在于数据互通。钉钉平台很开放,相关的生态伙伴比较多,钉钉强大的技术团队和积极的生态伙伴,是胜利小学数字化推进过程中的助推剂,学校出理念、出想法,钉钉出技术,这样才有了一个又一个个性化应用的产生。"杨灿云说道。

随着胜利小学的数字化逐步推进,郭荣强的改革也在朝着"深水区"前进。

"有家长、师生多方加入共同互动的场景会比较深,叮是最难的点在哪里？在课堂，就是通过信息技术让课堂模式实现变革。"郭荣强推出他的构想：理想状态下，学生在课堂做好题目后，系统可以对作业信息进行上传批改，将学生的学业情况全部分析出来，老师再有针对性地给学生推送个性化的题目。

2021年4月，胜利钉2.0发布，相比1.0，最新版本的胜利钉将功能重点放在了教育教学方向的打造上。

"听评课"是胜利钉2.0平台上很受教师欢迎的一款应用，它是胜利小学利用钉钉原生的低代码平台"宜搭"搭建而成，开课科目、上课老师、听课老师等信息全部在线展示；听完课后，每个老师写下翔实的评课分享，每一次听课都有记录，利用数字化的方式沉淀下来，方便回溯查阅。

郭荣强认为，如果一上来就让老师使用新的听评课模式，那一定会遇到抵触。但随着很多基本任务已经在胜利钉上完成，老师们会更快接受这个转变。而且，听评课开发的新功能，让老师们可以通过拍照和写记录来更高效地记录自己的思考。年轻老师也可以看到资深老师是怎么分析一节课的，并从中学习。

"教育领域，几乎所有的高频应用场景郭荣强都已经跑了一遍，所以他清楚老师要什么。"罗成说。这是解决"用户想用"的第一步。同时，想让老师真的愿意用，产品的能力也必须跟上。

钉钉提供的低代码工具也为胜利小学插上了数字化革新的翅膀。事实上，在接触钉钉之前，胜利小学就想要搭建听评课的系统，但当时需要三个月到半年时间。如今胜利钉上的听评课应用，是通过钉钉原生的低代码工具"宜搭"搭建起来的，前后不到两个星期。

如今，以"胜利钉"为代表的数字化应用已经成了胜利小学一面鲜明的旗帜。目前，全国已经有四川、陕西、河北等地近100所学校前来考察胜利小学的数字化成果，进行借鉴与落地。

但郭荣强关于数字化的思考并没有止步不前,他已经在谋划胜利钉3.0版本的进展:"胜利钉1.0主要聚焦在学校和老师;2.0突破了学校的场域,跟家长互动;3.0的话更多要面向学生,学生能够用胜利钉做什么,这件事情我现在还在深入思考。"同时,胜利钉还将进一步跟省、市、区教育行政部门数字化改革载体打通,实现从技术先导的"胜利钉"向理念先导的"胜利魔方"转化。

# 第八章
# 病有所医，后疫情时代的健康医疗服务

2020年3月，国家博物馆征集和公布了一批抗击新冠疫情的重要收藏名单，三行信息代码成为社会关注的焦点：健康码系统的第一行代码（支付宝研发）；全国健康码引擎第一行代码（阿里云研发）；新冠肺炎CT影像AI辅助诊断产品第一行代码（阿里巴巴达摩院研发）。

这是国家博物馆首次将代码列为藏品。回头看才发现，这个藏品确实很有代表性，新冠肺炎疫情暴发以来，医疗行业在"云"上开辟了抗击疫情的"第二战场"，数字技术在医疗行业多点、多面开花，逐步成为卫生健康事业高质量发展的核心动能。

## 打破"孤岛"和"烟囱"，打通最后一公里

新冠肺炎疫情让全球处在巨大的不确定性风险中，多次变异的病毒、防不胜防的传染方式以及超过两年的持续拉锯战，让全球医护人员都疲惫不堪。这是一场对医疗卫生系统长达两年或还将持续的"压力测试"，而这场测试也暴露了我们在公共卫生服务上条块融合、应急保障，以及信息化支撑等方面的诸多短板。

现代社会的高流动性导致病毒扩散快、防控难度大，疫情防控需要更广泛、更高层次的协同联动。因此，各防控机构信息互联、相关数据高速互通，成为打赢疫情防控持久战的重要因素。目前，各类疫情相关信息仍存在难以互联互通、交互协同的问题，在卫健体系内应合特定需求的跨部门、跨地域、跨机构信息共享仍存在痛点；同样，实现分级诊疗、检验检查跨地域互认，提供给百姓安全、高效、可及、可负担、可持续的卫生健康服务，充分缓解医疗资源分布不均等问题，也需要建设全面、多元、具有弹性（因需高效实现相关信息共享）的地域及跨地域的卫生健康信息互联共享机制。国家卫健委医院管理研究所曾指出："目前中国

的医疗信息技术存在着公立医院发展不平衡的问题，存在着区域之间发展不平衡的问题，更存在着每个医院都是'烟囱'的问题。"[1]

当前，我们正处于医疗卫生体制改革的深水区。从2009年开始，中国已经历了两轮医改。医改促使医保、医疗、医药三方在效率和质量上有重大提升，并在协同服务上创造一个更加适应时代需求的全新三医联动新模式。这一新模式的信息化中心是建设区域级别的云上"健康大脑"，完善各端上的应用服务，"云＋端，线上＋线下"协同整合，承载和提供各类高效服务。通过"健康大脑"，统筹供给侧政策和资源，提供更完备、标准、安全、闭环的健康医疗服务，满足需求侧更便捷、高效、多样的健康医疗服务需求。在浙江省安吉县智慧卫健体系里，我们能看到在新三医联动下深化信息化、数字化转型后的基层医疗系统给普通人带来的真切改变。

安吉县域医共体依托"健康大脑"缓解医疗资源不均衡问题，把乡村卫生站、乡镇卫生院、县医院联动起来，提升基层诊疗服务能力，提供给居民更优质的服务。农民在家门口就能通过远程辅助诊疗系统、人工智能等技术，获得县医院医生的诊疗；通过"健康大脑"的统筹，还能获得远程挂号、转诊、药品配送到家、两慢病管理等医疗服务，打通了高质量基层健康医疗服务的"最后一公里"。

医改的信息化目标就是利用云计算、人工智能等数字技术让医疗服务如虎添翼，建立一种廉价、可及、高效的机制，在基层或者在更广泛的层面上，让每个人都尽可能享受到更精准的医疗服务。

医疗数字化转型，本质上是为医护人员、医疗卫生机构和行业提供一种更有效、更锐利的工具，解决医疗服务体系效率不高、资源不足不

---

[1] 猎云网，《医院数字化转型步入深水区，阿里云如何见招拆招？》，2021年4月30日，https://baijiahao.baidu.com/s?id=1698461881593806002&wfr=spider&for=pc

均等问题。在医疗行业一线，我们看到疫情后所有医疗机构对数字化转型都怀有巨大的期待，希望数字化的破局力量进来之后，创造一个更好的服务模式、管理模式、运营模式，甚至是社会模式。

## 用数字化手段实现卫生健康事业高质量发展

除了公共卫生、基层医疗系统，中国还有1万多家公立医院，这是我们医疗卫生体系的中坚力量。2021年，中央深改组将"高质量发展"确定为"十四五"期间公立医院的重点发展方向。相关文件要求公立医院高质量发展过程中要强化信息化支撑作用，推动云计算、大数据、物联网、区块链、5G等新一代信息技术与医疗服务深度融合。推进电子病历、智慧服务、智慧管理"三位一体"的智慧医院建设和医院信息标准化建设。

我们可以看到，不少富有开创精神的公立医院已经逐渐转变成"三位一体"的智慧医院。比如，国家级龙头医院中山大学肿瘤防治中心通过智慧管理转型，打造数字化"中台"，逐步实现医院组织、沟通、协同、业务、生态五方面的在线，通过供给侧互联互通和信息共享，实现了医疗资源高效配置，提高了医疗服务可及性。

随着数据的价值被重新认识和挖掘，以及数字技术的广泛应用，我们逐渐描绘出关于未来医院的蓝图。

服务方、支付方、需求方、管理方、科技公司等不同角色对未来医院有自己的定义和想象。关于未来医院有两个发展方向：一是未来的三甲医院将是一个生态，包含以骨干医院为核心，分院、医联体、医共体单位为支撑，互联网医院为辐射，各类协作单位（科技公司、药、险、后勤等）为周边的复杂"共同体"，实现科技引领、创新突破、服务优化、管理提升、品牌辐射；二是未来医院将更加面向需求，以健康为核心，以科创为手段，以诊疗为常规，医防融合，不断破局，将优质服务尽可能地惠及更多百姓。

而在百姓就医侧，未来5～10年可以感受到医疗数字化带来的三个明显的趋势，一是更便捷，老百姓能够更方便地享受到高等级健康医疗服务；二是可及性会越来越强，百姓在县医院就能获得省医院甚至北上广医院的医疗服务；三是就医的秩序和效率得到极大改变，医疗数字化转型可以打造很多新的就医模式。

医学是一门非常复杂的学科。医疗行业数字化的转型，其实是利用科技工具与制度创新、管理创新的结合，去撬动最大的确定性，帮助人类对抗病毒、细菌、病痛等种种不确定性风险。医疗数字化转型过程中，最大的困难是如何将先进IT恰当、高效地与现代医学结合，并创造出可推广、可感受、实实在在的效益和价值。无论是在医院生态建设中需要的高稳定的云服务，还是在疾病防控和诊疗过程中各类人工智能的应用，还是在区域乃至更大范围上的优质医疗资源的输出和辐射，对每个从事卫生健康信息化工作的人员都是严峻的困难和挑战，也是每个从业者的星辰大海。

（本文整理自与阿里云智能医疗行业总经理谢维的访谈）

## 智慧医院：
## 医生变成"程序员"

"医院是人类社会创造出来的最复杂的社会组织，它集所有人类社会组织的功能于一体，它是避难所、疗养院、工厂、企业、大学、小社会……"这是医改专家李玲对大型公立医院职能之复杂的看法。

除了诊疗，大型公立医院还承载着医改、教学、科研、社会卫健等责任。医院背负的职责有多复杂，医生身上的担子就有多沉重。一名医生，不仅需要诊治病患，同时可能也是教导学生的老师、抓科室KPI的主任、负责学术课题研究的学者……他们的工作也需要减负，工作方式也需要一些变革。

2021年10月，国家卫健委发布的《关于印发公立医院高质量发展促进行动（2021—2025年）的通知》提到，未来将重点建设电子病历、智慧服务、智慧管理"三位一体"的智慧医院，要加强公立医院行政管理人才培养，尤其要加强负责医院运营、信息化建设、经济管理等精细化管理的人才队伍建设。

中山大学肿瘤防治中心（包括中山大学附属肿瘤医院、中山大学肿瘤研究所，以下简称"中肿"）副主任孙颖教授从事医疗工作20多年，也主管院内信息中心多年。她察觉到，国家把医院的智慧管理放到了重要地位，信息化、数字化将是医院基本建设的优先领域。

近年来医患矛盾频繁发生，孙颖认为，医疗服务体验差的原因之一是病患太多，医生太忙。而医院通过使用数字化工具，可以从经验管理、粗放管理走向科学管理、精益管理，提高整体运行效率，提升医疗服务质量，最终成为智慧医疗、智慧服务、智慧管理"三位一体"的智慧医院。

## 不友好的 OA 和离不开的钉钉

中肿共有医护职工、师生近 6000 人。这些人分布在越秀、天河、黄埔三个院区，以及学校、科研实验室等多个办公地点。人员庞杂、办公属地分散，给全体医护人员在本就繁重的工作之外增加了管理和协同难度。

2017 年，中肿信息中心接到一项任务：给医院找一套合适的 OA 系统。在此之前，无论是医院的管理层还是员工，对 OA 系统都"没有什么感觉"。

事实上，不仅中肿，全国的医院在管理的信息化、数字化方面提升空间普遍较大。医院的绝大部分信息化投入都集中在临床业务系统和硬件设施上，如购买 CT 机、达·芬奇机器人等能够直接给医院创收的高端医疗设备。

2018 年，中肿引入一款在其他医院运行良好的 OA 软件。在试用的三个月里，大部分医护人员反映不好用。尽管该 OA 软件不断调整测试，也顺应潮流打造了移动端 App，但依然存在页面交互体验不畅、无法灵活拓展功能、开发运维难度大等问题。

同样一套系统，在 A 医院运行良好，却难以协调 B 医院的业务——这种现象在医院的信息化过程中屡见不鲜。为什么传统 OA 无论怎么调试都很难被大部分医护人员接受？中肿信息中心主任李超峰将其总结为三个字——"不友好"。

在调研挑选 OA 的过程中，信息中心也在探讨一个问题："未来的医院 OA 软件应该是什么样子的？"李超峰和同事们讨论后最终认为，未来的 OA 应该是一套连接医院内所有资源、应用、人员的协同系统。它不仅是一个支撑内部交流的平台，更是一个具备反馈和分析数据、协调医院运行、协同业务推进能力，能够真正帮助医护人员提高效率的管理工具。

2018 年，医院处在信息化、数字化转型的紧要关头，但中肿并不着急选定某个软件快速推广。孙颖表示，中肿没有用行政命令强行要求员工使用某个软件的文化传统，然而"有一次让大家通过钉钉办理某项审批，效率大大提高。自此以后，钉钉覆盖了医院绝大部分人"。因此，中肿决定把钉钉作为内部管理工具。

作为医院管理层之一，孙颖日常有大量行政审批类工作要处理。对中肿应用钉钉后带来的改变，她有着最明显的感受："以前每周有半天时间，他们拿着厚厚一摞文件来找我签字。现在他们利用碎片时间，花几分钟申请一下就能完成。"

数据的传输、交互、运算，解决了大量需要人工跑腿的工作，满足了医护人员移动办公的需求。如今，医护人员只需一台手机就能走完所有的审批流程。

在钉钉上，中肿对所有的流程分级分类，通过钉钉自带应用、第三方合作开发、自行低代码开发等方式，搭建了近 300 个审批环节，全面覆盖医院所有审批流程，实现了审批管理的精细化、规范化、制度化。

成本和效率就像跷跷板的两头，效率提升了，成本必定下降。

医院推进智慧管理转型的过程，也是增效降本的过程。通过钉钉实行智慧管理后，中肿在节约运营成本方面产生了立竿见影的效果。

首先，节省了有形的管理成本。其中最明显的是大笔采购各种信息化管理系统的成本,以及后期运营维护的成本。

中肿信息中心副主任何仲廉表示,如果按照传统的申报审核、签协议、进场测试等一系列流程操作,每一次对系统的调整平均需要半年才能实现,耗费巨大的财力和时间成本,"伤筋又动骨"。

其次,也是最重要的,许多隐形的、无法被量化的成本和资源也被节约下来,其中包括最宝贵的医疗人才资源。

2020年,中肿产生了超过10万次审批。信息中心曾粗略地算过一笔账:"如果10万次审批里有1/5的审批牵扯到两个院区,至少需要员工花费半天去跑审批。仅审批这一项,就能为整个医院节省1万个工作日的成本。"自2018年全面使用钉钉至2021年11月,在线化办公为中肿节省了90万吨的碳排放。

医院每个员工都真切享受到了通过钉钉在线办公带来的便利:"为了审批跑来跑去的环节少了,现在感觉电梯都没那么拥挤了。"

目前,中肿将近90%的日常管理事务可以在钉钉上完成。医院管理层、医生、护工、外包业务合作方,甚至医院食堂的大厨,都离不开钉钉。孙颖现在每天开始工作的第一件事,就是打开手机上的钉钉查看医院各个科室的情况,每天下班前的最后一件事,也是如此。

## 医生变"程序员",量体裁衣"自造"工具

对于中肿来说,它最初选择钉钉作为医院协同办公系统,不仅是因为钉钉功能齐全,而是看重钉钉可以在界面、运营、应用三个层面实现高度自定义,能够契合医院管理文化,为医院不同科室、不同角色提供定制化、千人千面的解决方案。

钉钉界面上所有图标都可以自定义,这给医院管理提供了很大的自

由度。不同科室的管理者可以自主在钉钉上搭建属于自己科室和职责范围内的钉钉应用和界面，打造专属的工作台；还可以根据科室的业务需求，自定义图标位置、颜色、风格、文字等。

阿里巴巴钉钉医疗行业副总监楼远波发现，最频繁使用钉钉的，不是医院信息科的工作人员，而是医院的管理者。它已经成为帮助医院管理者落实管理思维的工具。

钉钉平台上，钉中台、直播、社群、钉闪会等多种运营工具皆对用户开放，为用户提供多样化的工具，让运营自定义能力可以立体化赋能医院的运营管理。

在中肿的钉钉系统里，院长办公会几乎是使用频率最高的应用之一。该应用是中肿和第三方基于钉钉开放入口为中肿量体裁衣、定制打造的应用。中肿把所有需要院内领导集中上会、审批的重大议题，都通过该应用协同处理，极大方便了医院管理层的工作，自上而下提高了整个医院的行政效率。

应用自定义，是指没有编程基础的普通业务人员也可以通过钉钉上的宜搭，实现零代码和低代码开发；借助拖放式组件和模型逻辑，随时低门槛、低成本地开发和扩展更多应用。

传统医院信息软件都是由专业IT人员研发出来的标准化、通用化产品。但是现实中，每家公立医院的业务需求、发展路径都不一样，传统OA软件基本固定的操作系统无法满足每个医院个性化、定制化、微小化的应用需求。

而在宜搭上，钉钉和第三方合作商把医院业务场景抽象为相对标准的解决方案，让用户像"搭积木"一样开发应用。没有任何编程基础的一线医护人员甚至实习生，也可以在手机上通过简单的拖、拉、拽，搭建出自己想要的应用。宜搭的低代码开发可以把单个应用的平均开发时间从 17.5 天降至 3.5 天，开发效率提升了 4 倍。

目前，中国超过 60% 的百强医院使用钉钉，并且在不同的医院衍生出了属于医院自己的创新实践，大量医院不仅把钉钉当作 OA 系统，更把它当作资料存储、业务沟通、运营管理、实现医院智慧管理的新生产力工具。

钉钉医疗团队内部公认，中肿是所有"深度用户"里数字化认知最深刻、数字化技术应用最多元、最靠近智慧管理的医院。

截至 2021 年 10 月，中肿在全院范围内进行了三次全员低代码培训，并对各个科室进行了针对性培训。李超峰表示："我们医院做智慧管理，也是要求各个科室要自己负起一定的责任。医院高质量发展最主要的因素就是效率，每个部门都要用好工具，提升自己的管理效能。"

医院管理原来面临岗位多、流程长、决策周期长等挑战，制约医院提高运营水平的最大因素就是缺少数据和信息支撑。当技术工具使原本烦琐的管理流程变得简单，医院管理流程和规范的执行得到了保证。

目前，中肿钉钉系统里有 1/3 的应用都由一线医护人员自己搭建，他们就像使用 Word、PPT（演示文稿）一样搭建低代码应用。

## 数据资产赋能医疗服务质量提升

医院智慧管理转型的过程，是一个让医生变成"程序员"的过程，也是培养相关人员数据意识和利用数字技术能力的过程，更是数据沉淀和结构化的过程。

萌芽的数据意识，让所有一线人员从各自岗位的需求出发，把复杂的、无法量化的管理场景变得数据化、电子化、结构化。如此累积下来的数据库，既是医院的数据资产，也沉淀成医院的数字化底座，变成医院数字化转型的能力中心。

钉钉高级业务发展专家石光磊表示，希望钉钉对医院来说不仅仅是一个工具，更是一个医院管理的新理念；希望钉钉未来能够为医院提供精细化的管理手段，基于大数据、人工智能的定量和定性分析，为医院管理决策提供支撑。

这跟医院的智慧管理转型需求不谋而合。

新一轮医改打破了传统医院以药养医的生存和运营模式。医院实现精细化管理、提高运营的水平，是新医改背景下的客观要求。而要实现精细化管理，就需要通过数据和技术工具把分散在医教研各部门的数据打通、复用，从经验管理转变成科学管理，提升全院管理能力。

通过与钉钉的合作，孙颖表示："原来我们不理解什么是中台，现在明白了，中台就是可配置的能力、工具。"钉钉这个数字化底座，可以实现数据保存、留痕、调取，一次采集，多次复用，它能支撑医院持续进行精细化管理，朝着打造"三位一体"智慧医院的目标前进。

"医护人员的时间被节省下来了，就有更多的时间去做好自己的本职工作。"提升效率，这是中肿引入钉钉的初衷。

中肿通过钉钉初步实现智慧管理后，智慧管理对智慧医疗、智慧服务的价值也慢慢开始显现。

医务人员是医疗的核心资源，提升医生的效率，就是提升医疗资源的利用效率。

医院最核心的产品，是医疗技术服务。医疗质量，是衡量一家医院、一名医生最重要的维度。

但是，医疗质量的管理非常复杂，不仅对管理者的专业要求高，而且涉及疾病的诊断、治疗、康复、随访、用药等众多环节。要实现医疗质量的管理，首先得把诊疗人员的行为管起来。原来的医学人才评价晋升体系并不能实现"把医疗质量管理起来"的目标，深层次的原因，是整个中国科研人才评价的系统性问题。

中国的科研人才评价体系正处于先破后立的阶段。在医学科研领域，也有一股"破五唯"的行业趋势。破"五维"，即打破过去评价人才唯论文、唯职称、唯学历、唯奖项、唯数量的"五唯"现象。

在旧的"五唯"考核体系下，医学人才为了职称和晋升，醉心于写论文、申报课题，对教学和临床技术创新的积极性普遍不高。由于缺乏足够的信息和数据，缺乏合适的载体和技术手段收集、分析，医院无法实现对医疗质量等评价维度的精确管理。

而如今中肿发现，依托内部智慧管理转型和服务侧"智慧医院"的建设，过去可望而不可即的考核维度都可以通过数字化转型一一实现。于是，中肿顺势推出了"破五唯、立六维"考核体系改革，把医生的考核体系调整为"医疗、教学、科研、创新、代表性成果、医德医风"六个维度。

"把创新作为考核维度后，我们申请的新技术量暴增。"孙颖表示。考核体系调整带来了立竿见影的效果。

发生在中肿的这场智慧管理转型，更像是一场工具革命——数字化的管理工具支撑起医院对医护职工的精准评价和精准调度，医院的精细化管理真正得以实现。孙颖认为，大型医院的智慧管理转型，惠及所有医护职工和就诊病患。

国家也已经意识到医疗服务的供给侧必须系统性地进行信息化、数字化转型。2021年年初，为指导智慧医院建设，提升医院管理精细化、智能化水平，国家卫健委制定了医院智慧管理分级评估标准体系。自此，医院的智慧转型有规则可循，有了前进方向。

目前，中肿已完成国家智慧医院管理评级的三级评审的自评估，它将与钉钉继续深化合作,向业务在线、生态在线探索,实现更高等级的智慧管理。

数字技术的应用,不仅提高了供给侧的效率,也为智慧医疗的实现提供了创新力、行动力都更强大的医学人才队伍。

如果说医生和疾病的博弈是一场战争,医院管理就是这场战争最重要的军需后勤。兵马未动,粮草先行。只有打造高效的管理体系,打造足够"聪明"的医院,让医生少跑路,让数据多跑腿,才能保证医疗人才这支"军队"在与疾病的战争中取得胜利。

医院的智慧管理,是实现智慧医疗和智慧服务的前提,是智慧医院建设基础中的基础。

在医疗的需求侧,患者最根本的诉求不是解决看病难或看病贵问题,而是快速找到最适合的医生来看病。当所有医生的诊疗能力、模型全部被数字化,成为全社会的结构化资源后,就可以快速被调用,再配合患者电子档案等数字技术,从管理手段上促使智慧医疗和智慧服务的实现——这也许是未来"三位一体"智慧医院的终极形态。

# 你的医生已上线：
# 打通基层医疗最后一公里

广袤的中国农村，不仅有超过56%的"空巢"老人，还有大量"空巢"村级卫生站。

浙江安吉县是电影《卧虎藏龙》的拍摄地，以秀丽的山水风光蜚声中外，也是"绿水青山就是金山银山"理论的发源地。安吉获评浙江共同富裕示范区建设首批试点单位，经济实力并不弱，但仍然面临着乡村医疗资源匮乏的问题。

2019年，安吉县共有在职乡村医生135人，其中60岁以上村医占比高达55%，16家村级卫生服务站因没有医生而成为"空巢"。即便村医存在老龄化的问题，安吉县在2013年也不得不出台规定：乡村医生年满70岁，必须退职。

村医这个古老的职业，正变得跟乡村教师一样——老一辈离开岗位，年轻人不愿下乡，人才流失严重，青黄不接。

尽管一直有委托培养大学生村医机制，可是因为没有编制、待遇低等问题，愿意长期留下服务的年轻人寥寥无几。2007年，安吉招来91名委托培养的大学生村医，到了2011年，只有6人还在村级卫生站工作。

2021年10月发布的《医疗蓝皮书：中国县域医共体发展报告（2021）》在显著位置写有这样一句话：2009年以来，基层医疗机构运行状态总体上处于下降或较低水平。

2009年是中国医疗历史上非常重要的一年,《中共中央、国务院关于深化医药卫生体制改革的意见》出台,医改开始。

回看医改十余年,作为一项系统工程,其成效不能被孤立看待,其得失计较纷繁复杂,但有一个评价具有高度共识:群众依然缺乏获得感,看病难、看病贵问题依然存在。

医改是个难题,基层医疗改革的难度更大。村镇县级的医疗好不好,直接关系到老百姓看病是否便捷可及。

2017年启动的新一轮医改,再次强调"保基层、强基层、建机制"。如何增加群众在医改中的获得感,在基层医疗机构求解"病有所医",是当下需要切实解决的问题。

安吉模式,为中国基层医改提供了一个可借鉴范本。

## 安吉医改的"健康大脑"

三明医改(福建省三明市实施的医改)的星星之火,已成燎原之势。近年来,国务院医药深改小组多次调研福建三明统筹推进医疗、医保、医药"三医"联动改革的模式,国家卫健委也多次发文提倡各地因地制宜学习三明医改经验。

浙江省是全国的综合医改试点省。2021年10月21日,30多家媒体来到浙江,有记者点名要去安吉县调研采访,他们想弄明白,安吉借鉴三明经验所形成的"安吉模式"究竟是怎样的。

三明医改中离不开两个IT工具:一个是药品集采平台——带量采购、合量议价成为降低药价的撒手锏;另外一个就是数字化医共体——支持三医联动实现,助力推进分级诊疗改革。

而在安吉,科技的应用更彻底,它像毛细血管一样渗透、支撑着安吉医改的实现。

医药集采把药价降下来，解决了看病贵问题。而分级诊疗和医共体的建设，解决的是大医院人满为患、小医院门可罗雀的看病难问题。国家卫健委主任马晓伟曾在两会上直言："分级诊疗制度实现之日，乃是我国医疗体制改革成功之时。"而县域医共体正是实现分诊制度的有力抓手。

安吉综合医改的最大亮点，正是县域医共体。安吉组建了3个县域医共体，让域内医疗机构呈三足鼎立之势，相互竞争。牵头医院分别是安吉县人民医院、安吉县中医医院、安吉县第三人民医院东院。安吉医改不仅把公立医疗机构管理起来了，更创新性地把社会医疗机构也纳入统一监管范围，不仅推进了地区整体医疗发展，更有利于加强对社会医疗机构的监管。

医改后，县级医院与乡镇卫生院变成了总院与院区的关系，强化了基层提供医疗服务的能力。安吉县卫生健康局副局长谢彦峰表示，这是为了实现县域医共体内部业务联系、上下联动、重心下沉，有力推进分级诊疗。而医疗资源和业务的上下联动，离不开数智化技术的应用支撑。

2013年，安吉组建县域卫生专网，实现各医疗机构信息互联互通；2014—2017年，安吉又陆续建立居民电子健康档案，以及区域检验、心电、放射三大共享中心。这些信息化变革为安吉沉淀了大量的医疗数据信息。

2018年，安吉开始着手医共体改革。在数字化建设方面，安吉紧跟数字浙江建设步伐，也进入"最多跑一次"改革阶段，开始思考如何让数据"多跑路"，让居民少跑腿。

让数据"多跑路"，就是要把数据充分开发和利用起来。这时候，安吉县卫健局才渐渐发现，虽然监管部门和各个医疗机构各自搭建了信息系统，有了数据，基层信息化短板基本补上了，但他们依然面临诸多问题，主要表现在：医疗数据繁多，质量不高；医疗机构和业务系统众多，数据共享和跨场景应用难度大；重复分散建设，"数据孤岛"普遍存在；数据维度不全，开发利用程度不高；医共体内外上下协同弱；等等。

由于财政资金紧张，不可能无限制地投资到这种低效的信息化改革中。安吉县卫健局意识到，让割裂、分散、碎片化的医疗数据实现一体化，跟三明医改一样打造一个强大的、标准统一的数字化医共体系统，是安吉县域医共体建设的必然选择。

乘着数字浙江建设的东风，安吉县从2019年开始谋划建设智慧城市，其中包括智慧交通、旅游、医疗、农业、城市大脑五个领域，智慧医疗板块因此争取到了1亿元的专项债资金。恰逢此时，安吉县与阿里云达成合作，共建全国首个"数字化县城"，县卫健局发现，阿里云的数字中台和云计算服务能力，正符合县域数智卫健改革的技术需求。

2019年6月，安吉开始编制县域数智卫健三年规划，计划实施"161"工程建设以推进"健康大脑+医疗健康服务"场景落地应用。谢彦峰认为，数智卫健需要整体的顶层设计思路，遵循统一标准、统一架构、统一监管的原则，但业务系统要随着业务需求的变化而变化。"161"工程符合这种顶层统一、业务灵活多变的客观要求。

"161"工程是指建设一个数智"健康大脑"、六项业务场景的应用工程、一个安全保障体系。其中，六项应用工程包括原有的放射、心电、检验三个共享中心，以及后来迭代并完善的病理诊断共享中心、远程超声诊断共享中心、中医智能云平台。

安吉数智卫健"健康大脑"依托安吉县政务云，采用的是"数据+业务"的双中台架构，通过云计算、大数据、区块链、中台等技术，实现数据高效互通、业务协同、大数据分析等功能，为管理决策、临床医疗、健康管理、预警分析、科学研究等提供数据支撑。

截至 2021 年 10 月,"健康大脑"汇集了安吉域内 4 亿条医疗数据、2000 万条公共卫生数据,建立了 49 万份居民个人电子健康档案,覆盖安吉县域医共体、妇保院、民营医疗机构等 212 家医疗卫生机构,产出 220 条指标项,赋能医疗卫生领域 50 多个系统和 10 多个跨部门应用场景。

此前安吉医疗信息化均是单家医院、个别业务、区域性的,业务和数据都呈割裂状态。有了"健康大脑"的统筹支撑,安吉医改步伐加快。不同于过去"散装"的信息化状态,这时的安吉县数智卫健改革开始在全县整体推进。

2018 年年底,安吉上线影像云系统,全县开通互联网医院;2019 年,全县统一支付平台,上线浙里办"健康安吉"应用;2020 年,全县实现移动医保挂号缴费和结算支付、医后付、"出生一件事"五证(出生医学证明、预防接种证、户口登记、婴幼儿保健册、社会保障卡)联办平台等应用。

对于医疗服务供给侧的医院和医生来说,医改是一场供给侧改革。数智技术的加入,让他们得以在这场医改中降低成本、提高效率,最终安全地"软着陆"。

## 数智技术助推医改供给侧改革

自从"健康大脑"上线以来,不少安吉居民接到了号码为"5300666"的来电,这是安吉针对特殊人群,如 0～3 岁儿童、不同孕周期女性推出的"暖心热线",即智能语音外呼服务。它支持儿保、妇保、科学育儿、疫苗接种提醒、老年人体检催检五大语音外呼场景,可以为通话者提供相关的健康状况咨询及育儿知识科普等。

只是拨出这个电话的并非真人，而是 AI 机器人。

在此之前，预防接种、孕产妇催检等工作都要医护人员一个个拨打电话通知，任务重复且烦琐。而今，只需要责任医生在后台设置提问并发起外呼，AI 机器人就能够自动根据接听者的回答来提问、对话，甚至连不良反应这样细致的问题，AI 机器人也能解答。

这一创新应用大幅减少了基层医护人员的工作量，把原来四五个人的工作量缩减到一个人，大幅降低了基层医疗机构的人力成本和费用成本。

有了 AI 机器人智能语音外呼功能，医护人员也有更多的时间和精力投入数据分析、精准干预、服务患者等方面的工作，提高健康服务质量。

安吉的综合医改借鉴了三明医改"总额包干、余额留存"的医保统筹支付方式，彻底解决了过去医院多开药、乱检查等问题。通过"健康大脑"，安吉辖内所有医院的每一张药方都有数据留存，医生的诊疗行为和收入都在数据的"阳光"下进行，灰色收入乱象减少。

安吉县原本由各家医院独立推进信息化，医院需要自费筹建机房、自建运维队伍，财务压力巨大。而医疗系统的整体"上云"，为辖内所有医疗机构节省了大量信息化建设方面的投入。

安吉卫健局通过"健康大脑"为县域内医疗机构的云 HIS（医院信息系统）、云电子病历、云公卫、云检验、云检查等业务提供了统一标准、统一服务，实现了医共体的同质化管理与运营。

安吉以医保为杠杆撬动医改，医改让医保基金使用状况明显好转。

2017 年，安吉县的医保基金超支 7000 多万元，而 2018 年实施医改之后，当年医保基金较上年减少支出 5000 万元，并连续几年实现医保基金盈余。

医改的过程，不仅是供给侧和需求侧博弈的过程，也是监管部门职能转变与实现的过程。

2019年，安吉县卫生和计划生育局改名为安吉县卫生健康局。自此，它的职能也发生了变化，从"治已病"变为"治未病"，从原来以治病为中心转变为以人民健康为中心。为群众提供全方位、全周期健康服务，也在卫健局的工作范围之中。

这几年，安吉卫健局一直在思考一个问题："如何真正把人的健康管理起来？"

卫健局只有寥寥几十人，怎么把辖内50多万人的健康管起来？通过安吉的"健康大脑"，他们找到了答案——用数智化技术去管。

"健康大脑"通过对全域医疗、公共卫生、健康数据进行汇聚及梳理，构建了县域患者360度全息健康视图，可实现全方位呈现患者的历史健康诊疗数据、全生命周期展示、历史报告查询等功能，直观、动态地查看患者的医疗及健康管理历程。

过往，各个医疗机构之间割裂的数据无法完整地展现在居民电子健康档案上，对具体个人的全生命周期健康管理无从实现。

以老年群体中最常见的"两慢病"管理为例，糖尿病、高血压严重时均可能引发脑卒中，甚至危及生命，如何及时发现病情变化，一直是"两慢病"管理的难题。过去，县级医院只负责患者的高危状态，基层医院只负责平稳期情况，双方之间信息互不联通。如今通过居民健康电子档案和"健康大脑"把数据打通以后，两种医疗场景融合，安吉对"两慢病"病人的管理形成了闭环。

无论病人是在县级医院、民营医院、卫生院，还是卫生站，甚至是小门诊看病，安吉都可以用同一套系统把病人、病情管护起来。

此外，在"健康大脑"平台上，卫健局打造了"两慢病"管理系统，通过大数据分析和监测筛查，提前发现此前失管、漏管的糖尿病和高血压的高危病人，其中高血压高危病人 4.7 万余人，糖尿病高危病人 4.9 万余人。

把居民健康管理前置，对降低"两慢病"的病危率、节约地区医保基金、提升本地区居民身体健康水平，都有重要意义。

借助数字化的手段，安吉实现了医共体内和医共体间的高效协同，更能支持跨部门、跨区域、跨层级、跨业务、跨服务等医疗卫生健康多跨服务，实现了自我造血循环和可持续发展。

安吉的数智卫健改革为供给侧的医院、医生，以及治理侧的卫健局等政府机构提供了实现新医改相关目标的技术手段，对解决基层"看病贵、看病难"问题的作用则更明显。

2018 年，安吉开始探索村医本地化培养模式，以解决村级卫生服务站"空巢"问题。但这只保证了基层有村医，只能解决"保基层"问题，还没有达到"强基层"的效果。而安吉数智卫健改革用技术手段从根本上弥补了基层医疗资源不足、不强等问题，打通了基层医疗的"最后一公里"。

## 打通基层医疗"最后一公里"

"郭主任，我们这里有个患者，诊断不太明确，请求你们帮忙确诊。"安吉三院 B 超室专家郭文凤接到报福镇院区的请求后，通过"健康大脑"的远程会诊系统清楚地看到了分院传来的 B 超图。患者被确诊为脾破裂，通过医共体内部的转诊制度被快速转诊到三院。

在农村，由于居住分散、交通不便等原因，物流、医药、教育、公共交通、邮政等与民生息息相关的领域都面临"最后一公里"难以打通的问题。

安吉数智卫健"161"工程的实现,使得心电图、超声、放射等检查项目都能实现远程会诊,并且能同时呈现患者的电子健康档案、检查记录等医疗数据信息,辅助诊断分析。

除了远程会诊,县级医院医生还能在看诊、检查操作等方面给予基层医生全方位、全流程的指导和支持。长期来看,"健康大脑"能逐渐提升基层医生的诊疗能力,培育医疗人才。

农村的患者人多数是上了年纪的老年人,他们到县医院看病或住院,不仅需要来回奔波,到了医院还要经历挂号、检查、缴费、办住院手续等一系列烦琐的流程。

而今,安吉的数智卫健系统足以支撑远程会诊、挂号、转诊、药品配送到家等服务,免去了患者舟车劳顿和排队挂号的麻烦,患者在村里或镇里就能享受高质量的医疗服务,甚至直接完成转诊挂号。

患者能够轻松实现转诊,要归功于信息互认机制——浙江省卫健委对93个检验项目、180个检查项目进行统一编码,浙江省内所有医疗机构只需按照编码进行检查,各家医院对病人30天之内的检查结果互认,重复检查、重复开药等问题将大大减少。

在上述医疗场景里,数据在县城各个机构里跑了好几圈,而患者只跑一次,就能让数据自动"跑完"后面的流程。

远程会诊、信息互认、全民健康信息档案、远程挂号、医药配送等改革措施还可以让农民足不出镇(乡),就能充分、便捷地享受到优质的医疗资源。

这种把优质医疗资源下沉到乡镇的举措,不仅大幅降低了居民看病的难度,长远来看,由于患者到基层卫生机构首诊能获得更高的报销比例、节约交通费等,一定程度上也解决了居民看病贵的问题。

除了日常医疗业务的优化,安吉的120院前急救系统在"健康大脑"

的助力下也进行了全新升级。

改造后,120院前急救指挥系统拥有了智能受理指挥调度、智能急救电子病历、可视化平台、生命体征监测传输、车载分站监控等新功能。

通过医患信息融合,患者"上车即入院";通过身份识别等手段,医护人员可以立即通过移动端了解患者的健康档案,及时进行处置;如患者昏迷后需要输液,医护人员通过电子健康档案,就可以对病人的药物过敏史一目了然。

这个场景下,数据真正提升了急救能力,从接到患者的求助电话开始,每一个数据的高速调动、交换、运算,都在为抢救患者而服务。

截至2021年10月,安吉县120院前急救系统已对8个分站和21辆救护车完成改造。与2020年4—6月相比,急救平均出车用时缩短14.06%,主城区急救平均反应时间缩短18.90%。

安吉县是全国知名旅游县,每年都会涌入数千万游客;同时,安吉是一个山区县,居民居住地分散。120系统运转效率提升,对保障安吉群众生命安全有非常重要的现实意义。

未来,安吉计划继续推出"一键护航"功能,支持急救车和交通系统联动,帮助急救车控制红绿灯,避开拥堵路段,更快到达医院。

安吉数智卫健改革解决了基层居民"看病难、看病贵"问题,填补了上一轮医改留下的"保基层、强基层、建机制"缺口,打通了基层医疗"最后一公里",让群众真切体验到医改一直强调的"获得感"。与此同时,县域医共体致力实现的分诊制度,也水到渠成地成为现实。

安吉县域医疗数字化改革,本质上是一种医疗业务新流程改造,是建立一个医疗业务新体系。安吉县卫健局规划发展与信息化科科长钱新家表示:"(安吉医改)通过需求导向,利用数字化手段来实现原本不可能做到的事情,建立起新的管理体系、考评体系、理论体系,最终让患者就医更便捷、医生看病更智能、监督管理更高效,让全县卫健实现了智治。"

在安吉的卫健发展规划蓝图里,数智技术将支撑安吉卫健事业走向更广阔的天地。

安吉将用数字技术探索未来乡村健康场景,力争成为共同富裕示范区中的数智健康样板。此外,安吉计划将数智卫健改革成果用于县域健康产业生态圈建设,带动县域医疗健康事业发展。

## 第九章
# 行有所托,数字化赋予出行新体验

在和科技公司的年轻人交流时,许多"老交通"都会讲这样一个"故事":过去要统计一段路的车流量,会雇一个老大爷蹲守路口,经过一辆车,就摆上一颗小石子,确定一小时、一天内的通行数据,数石子就行。

追忆过去,往往是为了突出今非昔比。随着科技的进步,我们许多行业的数据统计和收集都已经告别了原始方法、传统手段,交通行业也是如此。但当交通行业的管理者与科技公司的程序员们坐在一起谈论智慧交通时,对行业数字化现状的不满足,往往又出奇地一致。

双方形成的共识是,中国交通基础设施的数字化程度不高,交通基础设施感知体系建设不完善,数据采集能力难以满足发展需要,动态感知的范围较窄、深度不够。

## 交通数字化,从此开辟新图景

我们是名副其实的交通大国:已形成以"十纵十横"综合运输大通道为主骨架、内畅外通的综合立体交通网络,高速铁路、高速公路、城市轨道交通运营的里程,以及沿海港口万吨级及以上泊位数,都稳居世界第一,铁路、高速公路对城区常住人口20万以上城市的覆盖率超过95%,民航运输机场已覆盖92%的地级市。[①]

但从民众的角度看,交通仍然存在诸多痛点。比如,在路网达到如此规模的情况下,仍然在节假日、高峰期存在拥堵情况。在恶劣天气、交通事故等情况下的应急保障,仍然不够完善。此外,巨量的交通资产也带来了"富裕的烦恼"——养护和运行管理压力持续加大。优化管理手段和提高养护管理效率,已成为行业共识。

---

① 参见《国务院关于建设现代综合交通运输体系有关工作情况的报告》,2021年6月7日。

从专业人士的角度来看，交通行业的数字化还处于起步阶段，存在以下"转型不够"的问题：

**行业大数据应用体系不完善。**交通行业大数据运用面临空间不连贯、时间不连续、业务不协同的问题，导致资源共享难、互联互通难、业务协同难。

**数字化赋能行业监管、公众服务的广度和深度仍有待提升。**比如，运输监管目前仅覆盖"两客一危"重点车辆，对于危险驾驶、超速超载、非法营运等问题的监管深度不足；沉淀的数据主要服务部分管理场景，公众服务场景应用不足，老百姓体会不深、缺少获得感。

**可规模化复制推广的模式和标准尚未形成。**交通领域的数字化转型不光是一个项目，它一定是可复制、可交付，甚至是有标准的，是能够在全国推广起来的管理、运营、服务模式。

交通领域数字化程度不高的局面，在未来十多年将得以改善。2021年2月，中共中央、国务院印发《国家综合立体交通网规划纲要》，设定了一个具体的数字指标：到2035年，全国交通基础设施的数字化率要达到90%。

这意味着，智慧交通建设自此有了明确的目标导向。

如果把2021年视作智慧交通全面铺开的关键年，除了这样一份关键文件，还有一次关键讲话。

这一年的10月14日，国家主席习近平在第二届联合国全球可持续交通大会开幕式做主旨讲话时强调，"要大力发展智慧交通和智慧物流，推动大数据、互联网、人工智能、区块链等新技术与交通行业深度融合，使人享其行、物畅其流。"[1]

---

[1] 《人民日报》2021年10月15日01版。

令人振奋的是，这是全球第一次有国家领导人把智慧交通、智慧物流作为国策提出来。对于所有参与交通强国建设的人而言，宝贵的窗口机遇期已经打开。运用先进技术让民众的出行更安全、更绿色、体验更好，让交通的服务和管理更优化、更高效、更精准，是交通领域的科技工作者未来十余年需要优先考虑的问题。

## 新技术带来新动能

事实上，随着5G、北斗、云计算、大数据、人工智能等科技的进步，本身拥有数据沃土的交通行业，在算力等关键性技术大幅提升后，已经具备了更大的施展空间。许多过去只能存在于想象中的事情，现在已经可以实施。一些新技术正在给传统的交通行业带来新动能。

比如"车路协同技术"，这并不是一个新鲜名词，但未来仍然是一个交通新型基础设施升级的重要场景。交通是一个整体的网络，未来需要把车和路之间的数据更加深度地融合，让双方的信息能够交互，让交通的数据支撑能够服务于车端，服务于出行端。

利用云计算的支撑和仿真优化能力，建设交通数字化治理的超级大脑，也将是未来的重点方向之一。交通是一个系统的生态，不能等到哪儿出问题再去治理，再去解决。应该用数字化的能力，动态地判断未来的拥堵、安全隐患和整体承载力，告诉我们该怎样去建设一条路、一张路网，甚至一个城市。基于自带数据的融合和云计算支撑的仿真能力，形成一个真正的交通超级大脑，让它自我演进学习，能够实现预判，为路网建设和城市规划提供更好的服务。

总体而言，未来十多年大量建设交通感知设施产生的海量感知数据，对于云计算、大数据、人工智能等技术的需求将呈爆发式增长，其中海量数据如何有效处理利用，需要重点探索。

在从交通大国走向交通强国的爬坡阶段，各相关参与方应该围绕提升人民群众获得感，推动数据资源赋能运输服务发展，创新拓展交通基础设施数字化、出行及服务（MAAS）、物流运输一体化等服务场景，为公众提供既普惠共享又满足个性需求的出行和运输服务。

普惠的模式和标准，意味着智慧交通并非用钱堆积而成，不能盲目追求科技感，应该把高科技的能力尽可能做到性价比最优，适用于更多场景和全国不同区域。举例来说，交通基础设施的数据采集和传输，使得道路上密布摄像头，如今完全可以用一体化设备去降低成本。比如把ETC、摄像头、雷达等各种感知设备通过AI算力融为一体，减少重复建设，降低基建成本。

交通过去是一个相对封闭的体系，如今它变得更开放，更有意愿、更积极地去拥抱高科技和数字化。交通行业是一个融合行业，涉及的要素包括车、路、人、网、图，这些元素和传统基础设施融合在一起，使交通行业新基建的"新"变得更加立体和丰满。

当前，交通建设正处于从量变到质变、提质增效的关键转折期。以前的出行是追求"走得了"，现在讲究的是"走得好"，这需要科技公司与交通行业共同创新创造，让想象得到验证，让技术深度融合，让标准规范落地，使人民群众充分感受数字交通带来的便利，实现"人享其行、物畅其流"。

（本文整理自与阿里云智能交通物流行业总经理肖露的访谈）

# 享道出行：
## 一场"上云"的胜仗，一针创新的加速剂

"刷刷脸就能叫车，阿拉（我们）也能用上最新的互联网（服务），老方便了。"

2021年9月，已经过了立秋的上海，天气依然闷热，住在徐家汇街道的徐先生体验了家门口的"一键叫车"服务，不用烦琐地注册和定位，徐先生在路边的"一键叫车智慧屏"刷脸后，一辆出租车很快停在了他面前。

对这样便捷的服务，徐先生赞不绝口。年过六旬的他用着最新款的智能手机，但因为眼睛不好，也用不惯流程复杂的App，平时只会用简单的发语音、扫码等功能。他尝试过使用打车App，可要么定位不准确，要么联络不上司机，后来，徐先生索性还是站在路边等出租车，运气好了能碰到空车，但大部分时候，出租车都被使用出行App的乘客提前预订了。

和徐先生有着类似问题的老年人不在少数。针对这类用户，2021年6月，上汽集团旗下的移动出行战略品牌"享道出行"技术赋能的上海市出租车统一平台"申程出行"，在原有"一键叫车"服务的基础上，创新推出"一键叫车智慧屏"终端，截至2021年年底，已经铺设200台设备，覆盖上海12个区、39个街道及单位组织。

"无感叫车"是这项服务的一大特色。对中老年用户来说，注册、

登录 App 的流程实在烦琐，而"一键叫车智慧屏"将叫车步骤简化到了极致。在这项服务的背后，一项名为"号码隐私保护"的技术在默默发挥着作用。

这项由阿里云提供的技术可以在用车订单生成后，生成虚拟的中间号码以代替司机和乘客的真实手机号，司机在服务过程中通过虚拟号码联系乘客，能够有效保护隐私，避免之后发生骚扰或纠纷。

"一键叫车"业务取得了"三赢"：对徐先生等中老年用户来说，他们不用在闷热的上海街头忍受打不到车的煎熬了；对上海道路运输部门来说，"一键叫车"也推动了传统的巡游出租车和新兴的网约车两者巡网融合，增加了有限运力的载客效率。而对享道出行这类平台方来说，"一键叫车"对出租车行业的数字化转型及城市智慧交通的发展起到了积极的作用，该功能也被交通运输部列入网约车平台软件优化功能之中，指导推广到全部主流网约车平台。凭借该项目，享道出行在 2021 年先后获得"2020 年上海交通十件大事"、上海国资国企数字化转型创新大赛（数字城市分赛道）数字创新优胜奖、上海国资国企数字化转型创新大赛总决赛一等奖等荣誉。

## 业务在"前线"打仗，IT 要管好后方

在享道出行的智能化版图中，"一键叫车"只是冰山一角。

2018 年 4 月，享道出行品牌所属的上海赛可出行科技服务有限公司成立，作为上汽集团实现汽车产业"新四化"（即电动化、智能网联化、共享化、国际化）中"共享化"的重要组成部分，享道出行助力上汽集团朝着利用全产业链竞争优势转型成为出行服务与产品综合供应商的目标，迈出重要一步。

2020年12月18日,享道出行宣布完成"全场景智慧出行综合体"布局,全面覆盖网约车业务、企业用车业务、个人租车业务和出租车业务,为用户提供一站式出行解决方案。当日,享道出行宣布完成了超3亿元A轮战略融资,由阿里巴巴和宁德时代共同投资。

这一天距离享道出行成立不过两年有余。

前端业务的短时间高速发展,对享道出行的后端IT建设来说是个巨大的考验。随着享道出行的业务从租车、网约车向个人/企业用车不断延伸,如何扛住极端天气及节假日的流量高峰,如何利用算法进行敏捷调度,如何提高开发运维效率、持续优化业务,以及如何加强风控管理、提升司乘安全,都是享道出行需要突破的挑战。

这些业务层面的需求落到IT建设上,就变成了"成本"和"精力"的难题。

"钱"是最显见的待优化指标。早期,享道出行在IT基础设施的搭建上选择了自建机房,但由于业务量增速迅猛,已有机房的服务器资源时常需要扩容,采购服务器又需要时间。后端的运算资源跟不上,前端的业务就只能"等着",这直接影响了收入增长。

对于享道出行这样一家有着近3000万注册用户,业务覆盖上海、南京、杭州、郑州、合肥等近40座城市的出行公司来说,一般需要在已有的运算资源外留出20%的余量,以应对可能出现的用户量暴增等突发情形。但自建机房意味着这20%的备用服务器大多数时候都处于候补的状态,久而久之,就成了成本的浪费。

除了"省钱",提高IT运维效率、确保IT系统的稳定性,也就是"省力",则是享道出行更长远的目标。

对于一家正在冲刺增长的初创公司来说,它更需要的是专注业务,而不是基础性的IT设施维护。而采取自建机房的享道出行除了要自己购买服务器，还需要搭建单独的 IDC 运维团队。团队的磨合、统一团队对系统稳定性的理解，都需要享道出行付出更多的精力。在磨合期，享道出行也出过因为后台系统不稳定而导致的业务受损事件。

"自建机房耗时比较久，需要专业团队，稳定性也要经过时间的考验，这都会影响我们业务的快速增长。所以我们希望找到一个基础设施能力强的第三方厂商，把这个需求外包出去。这样，系统稳定性就有了保证，对运维人员的依赖性也会降低。"享道出行 CTO（首席技术官）宗金良说道。

业务正在"前线"打仗——享道出行正在以 100% 的增速拓展城市版图，2019 年享道出行覆盖了 9 个城市，2020 年是 20 个，2021 年是 40 个，如何保证 IT 后端提供稳定、有效的供给，成为宗金良的一大课题。

## 打响"上云"战：1 个月、5 天、4 小时

2021 年 5 月 13 日凌晨 4：45，一张合照定格在宗金良的手机中，相片中的 16 个人脸上虽写满疲惫，但更多的是喜悦。

这一天，是享道出行将自建 IDC 迁移至阿里云上的日子。为了确保数据迁移的稳定，同时最大限度降低对业务的影响，享道出行提前在客户端发出通知，前端 App 服务将于当天凌晨 2 点至 6 点停止运行。

这四个小时时间，用阿里云解决方案架构师张树海的话来说，"是在一架还在飞行的飞机上换引擎"。

数据迁移的工作并不难。实际上，享道出行的"上云"步骤只用两个小时就完成了，比原计划提前了一半。但这场发生于凌晨、速战速决的"胜仗"，实际上是用前期周全的准备换来的。

阿里云汽车行业总监姜锋回忆道，从正式迁移的一个月前开始，阿里云的同事几乎每周都会抽出2~3天的时间，与享道出行的技术部门共同讨论迁移方案。

厘清诉求是第一步。享道出行对云计算基础设施的要求体现为三点。

第一点是稳定性。运营团队最怕出故障，如果系统不稳定，运营团队就需要7×24小时待命，日常工作也会战战兢兢。因此，享道出行对存储的可靠性要求达到"12个9"的百分比。

第二点是可扩展性。享道出行专车业务已经覆盖近40座城市，完成长三角地区"一核五圈"城市布局。每到一个地方开城，就需要当地的就近节点和网络覆盖。

第三点是满足业务纵向发展。除了专车业务，享道出行还在不断延伸出租车、个人/企业用车等服务，而新业务往往需要用到新的IT组件（比如前文提到的"一键叫车"需要用到"号码隐私保护"服务）。

也就是说，享道出行的业务特性，对云厂商的稳定度、覆盖度和产品丰富度都提出了极高要求。

"阿里云深耕互联网行业多年，城市节点、场景功能基本都能覆盖到，不会因为客户的业务增长导致阿里云的业务范围出现盲区。"姜锋说。

弹性资源的灵活取用也是享道出行的一大需求。一般出行类服务都有波峰波谷（比如节假日打车需求很多），而阿里云的弹性资源可以提供灵活的使用方式，允许客户按照业务峰谷来释放。这类云化技术和计费逻辑，是很多中小云厂商不具备的。

最终，享道出行与阿里云选择了云原生方案。所谓"原生"，从字面理解，就是土生土长的意思，需要云厂商在开始设计应用的时候，就考虑到这部分产品将来是要运行到云环境里面的，要充分利用云资源的优点，比如云服务的弹性和分布式优势。同时，享道出行采用阿里云自研数据库 PolarDB[①] 作为核心业务系统数据库，成为第一个跑在 PolarDB 上的大型互联网出行平台，其结果是稳定性提升，业务复杂度进一步降低。

"在整个上云过程中，我们同阿里云快速共创出了一套完整的系统迁移上云方案。将超过 10 个生产管理工具、1000 多个 pod、几十个数据库实例等全部核心业务系统，高效平滑地迁移上云。未来，我们也将全面拥抱云原生，赋予云上业务创新以更多的可能。"宗金良表示。

至于为什么敲定了云原生方案，张树海这样形容："传统云厂商提供的产品以'四大件'为代表：计算、存储、网络、安全。过去，企业购买'四大件'需要自行组装，比如 IaaS（基础设施即服务）层的服务器要搭配数据库、中间件，都需要企业根据需求'自己想、自己搭'，而云原生方案则是将上述组装工作全部完成后，统一交付给企业。"

"过去是毛坯房，需要企业自己装修；现在交付的是精装房，可以让客户不用费心装修，而是聚焦业务问题。"张树海这样打比方。

定好了大方向，接下来的工作就能快速进入轨道。正式迁移五天前，享道出行提前进行了数据同步与备份，同时停掉了用车平台在迁移当天的预约订单，以免影响用户出行。阿里云的技术人员则在进行最后的技术测试，保证迁移过程中数据传输的完整与稳定。

就这样，在享道出行与阿里云共计二十余人团队的努力下，这场没有硝烟的"上云"之战悄然落幕。用户侧的"无感"，也意味着上云迁移的成功。

"用户侧没有感知，代表这丝毫没有影响到用户使用。但其实我们都

---

[①] PolarDB 是阿里云自主研发的新一代关系型云原生数据库，既拥有分布式设计的低成本优势，又具有集中式的易用性，采用存储计算分离、软硬一体化设计，能够满足大规模应用场景的需求。

知道,四个小时后,一切都不一样了。"回忆起当时的场景,宗金良仍然感慨万千。

## "上云"后:源源不断的业务创新

2021年6月16日,在享道出行全面上云的一个月后,阿里云与享道出行签署战略合作协议,双方将围绕智慧出行、安全风控、生态共建等方面展开深度合作。

享道出行与阿里云在上云时形成的默契合作得以延续。和不少企业会遭遇上云的阵痛相比,享道出行的数字化改造出奇地顺利。

这与享道出行的团队背景不无关系。和传统车企不同,享道出行的IT技术团队大多由有互联网背景的员工组成,而他们在公司成立初期,就在研发系统层面打好了数字化基础。

以享道出行的产品研发环节为例,其将业务中的需求、产品、研发、测试、运维、安全等流程提炼出17个环节,分别进行了线上化与系统化改造,使流程运转变得更加迅速。

"产研的数字化,能让我们清楚知晓各项工作的进展预期、团队各岗位工时分布、流程阻滞点、自动化程度等,能对各环节的效率、质量、问题进行量化统计和分析,使团队在投入产出比、交付效率、交付质量、线上稳定性等各方面都得以持续提升。"宗金良说道。

磨刀不误砍柴工,有了前期的高质量IT架构打底,享道出行自然能够与阿里云的产品碰撞出更多火花。"打个比方,享道出行是厉害的赛车手,阿里云提供的产品就是厉害的赛车。"张树海笑谈道。

团队齐备、产研数字化就绪,如今,享道出行与阿里云正在就业务层面的挑战展开源源不断的创新。除了前文提到的"一键叫车",享道出行在供需调度、价格机制、风控模型等层面，依然在进行持续探索。

"薅羊毛"是出行平台常见的风控难题。来自黑灰产[①]的"羊毛党"会通过木马软件盗取用户手机号、身份证号等个人信息，在出行平台注册账号，以"新用户"的身份套得"打折券、免单券"等平台优惠，再售卖给其他个人用户。

这种优惠，单个来看金额不大，但"羊毛党"动辄成千上万地批量刷单，将出行平台原本为了吸引新用户的营销预算全部"薅"走，不仅给出行平台的利益带来了极大损失，也严重影响了众多消费者的体验。

这也是享道出行力求攻克的难点之一。为此，享道出行想出了"大数据行为标签"的策略，对有"薅羊毛"嫌疑的用户进行系统预警，让这类用户先买单再用车，防止逃单现象；同时，享道出行还使用了阿里云提供的"本机号码一键登录"产品，让用户通过正在使用的手机号码登录，压缩了黑灰产贩卖账户号码的空间。

在打过一场上云的胜仗后，享道出行的创新如同被注入了催化剂，让享道出行自身的安全合规运营如虎添翼。据交通运输部公布的全国网约车监管信息交互平台数据，在月订单量超过100万单的网约车平台公司中，享道出行双合规完成订单率始终排名前列，这代表享道出行始终如一的品牌初心——为用户提供安全、舒适、高效的品质出行体验。

在未来，享道出行将持续以用户为中心，不断升级和完善自身，满足市场发展及更多用户对美好出行的追求，积极探索从"1到N"的长远布局，与出行行业友商共同促进行业良性发展，推动整个产业升级。

---

[①] 黑灰产，指的是电信诈骗、钓鱼网站、木马病毒、黑客勒索等利用网络开展违法犯罪活动的行为。

## 成宜高速：
## 有智慧、能协同的"云"上之路

"人类之历史，始终是不得不和产业史与交通史关联着，而被研究、被整理。"马克思和恩格斯在他们合著的哲学著作《德意志意识形态》中如此写道。

如马克思和恩格斯所言，在近代史上，人类社会前进的重要注脚之一，是交通的发展。

1932年，德国修建了第一条高速公路，连接起当时的德国政治中心波恩和工业重镇科隆，奠定了现代高速公路的雏形：除汽车和摩托车，行人、牲畜和自行车禁止通行，沿线设立收费出入口，全程单向行驶。

主持建造这条路的科隆市长阿登纳预言：以后的公路就是这样的。

中国的高速公路建设始于20世纪80年代。1988年10月31日，沪嘉高速公路建成通车，这是中华人民共和国成立后中国大陆第一条高速公路，全长18公里。以此为起点，我国高速公路建设步入快车道。如今，全国高速公路通车里程达到了16万公里，放眼世界，曾引领世界高速公路建设的德国和美国均有所不及。四通八达的高速公路和中国经济实力的崛起相辅相成。

此时回望阿登纳在90年前主持建设的高速公路，对比如今我们看到的大多数高速公路的模样，似乎并未发生太大的变化。这让人产生了一个疑问：未来的公路，只能是这样吗？

在中国西部，这个问题的答案正渐渐变得清晰。

## 大道既成，蜀道不再难

四川路难行，这一认知从古传到今。

正如李白在《蜀道难》中所写的，"蜀道之难，难于上青天"，路难行不仅阻隔了蜀地居民和外界的交流，也在某种程度上影响着四川的经济发展。

2000 年，旨在缩小东西部差距的重要决策"西部大开发"政策出台，从国家层面明确提出建设"成渝经济圈"，打通成都、重庆两座西南中心城市的交通动脉，以双城为核心联动川渝多个城市，将其建成全国重要的经济增长极。

地处川南的宜宾，则略显尴尬。宜宾是长江黄金水道的起点，被誉为"长江首城"，又被称作"中国酒都"，有好山好水好资源，就是没有好交通。宜宾在成都平原的南部边缘，背靠云贵高原北坡，在成渝经济圈内既不靠近成都，也距重庆甚远。多年来，宜宾到成都甚至连一条直达的高速公路都没有，只能依山路而行。

直到 2014 年四川省规划建设成宜高速，宜宾到成都的第一条直达高速才有了眉目。

但在四川修路并不容易。四川除成都平原，其余多为山地，地跨青藏高原、横断山脉、云贵高原、秦巴山区、四川盆地，地形复杂多变，全省 97.46% 的面积都是山地、高原和丘陵。

阿里云车路协同总架构师刘勇参与了多个四川的交通设施建设项目。他认为，"蜀道难"主要难在三个方面：一是地质环境复杂，筑路的施工难度大；二是四川独特的小气候使得天气变化莫测，"可能一条隧道这边出太阳，过去之后那边却在下雨"；第三点更重要，四川多山，导致依山而建的道路弯道多，安全性差。这导致许多高速公路要么容易拥堵，要么事故频发。

在刘勇看来，旧的高速公路就像是一条"僵尸"路，建好了就放在那儿，人不在路上就不知道那里到底发生了什么，到底堵不堵车。"90%的高速公路都是这样。"

每到节假日，四川的高速公路堵车是家常便饭。"就像大家都知道你要上班，全部开车去堵在那儿，一塌糊涂。"

截至2021年11月底，我国机动车保有量已达3.93亿辆，交通领域的一大矛盾，便是巨大的行车需求与有限的交通基础设施之间的矛盾。

作为连接成都和川南的要道，成宜高速沿线共有6个区县，连接的人口约有2800万，承载的运力需求不容小觑。如何打造一条高效、安全，还能满足未来发展需要的高速公路，是建设成宜高速过程中必须思考的问题。

成宜高速的建设、运营方蜀道集团找到了阿里云。此前，阿里云与蜀道集团的下属公司合作进行了成都绕城高速的智慧交通改造，通过"智慧眼视频智能分析与综合管控平台"，帮助这条道路的平均拥堵率降低了15.3%。

双方很快在规划之初便达成一致，把成宜高速定位为全要素、全覆盖的智慧高速公路，立志将其打造成建设交通强国数字新基建的最佳样板。

2020年12月31日，成宜高速建成通车，全长157公里。从成都天府国际机场高速公路南线出发，90分钟左右即可到达宜宾市。成宜高速是连接成都平原经济区与川南经济区的最短路线，打通了四川南向出川的快捷通道。

## 数字时空里的高速公路

成宜高速是建在地上的路，也是一条摸不着的、建在"云"上的路。

具体来说，它运用了智能感知、高精度定位、云计算、人工智能等先进技术，让高速公路拥有全方位的智慧能力，是一条能看、能听、能思考、可感知的智慧之路。

与阿里云在成都绕城高速进行的智慧交通探索有所不同，成都绕城高速属于 2.0 阶段，通过云和人工智能实现了事件的自动化感知，核心能力是纯视觉 AI 感知；成宜高速则进化到了 3.0 阶段，既能全面智能感知，也能全面智能分析。

以视觉为核心的路况感知，可以理解为摄像头通过人工智能算法，清楚看到车辆的速度有多快，对车辆的停车、超速等行为了如指掌。但一遇到雾天、雨天或者夜晚，视觉捕捉就不管用了，就好比人的眼睛被蒙上，两眼一抹黑，这实际上也是智慧高速所面临的困境。

为了既"目明"又"耳聪"，成宜高速在全程 157 公里内布设了一套场景全面、精准、多元的全息感知系统：每隔 800 米立有一杆，杆上装有高清摄像头、毫米波雷达及气象传感器，可以不受雾天和雨天的任何影响，对高速公路进行全要素、全天候的智能感知。

比如大雾天气里，摄像头常常看不清路况，此时就可以借助毫米波雷达探测，哪怕路上出现了一个坑或者掉落了一个塑料瓶，借助阿里巴巴达摩院研发的全覆盖雷（达）视（频）融合核心技术，这些细微的异常也逃不过系统灵敏的感知和精准的分析。

在成宜高速管理系统的后台，云计算、大数据、人工智能等技术贯穿于运营监测之中，对高速的全量设施设备及车流、车速、异常事件、危险路况、极端天气进行数字化实时还原，通过毫秒级的数字孪生技术，建立了可以呈现真实高速公路上全量设施设备的可视化全景。

这是一个存在于"云"上的数字平行世界。

"将现实里的高速路，用三维的方式做了1∶1的数字还原。"阿里云交通行业专家唐雨珂表示，"从摄像头里面看到的道路上的一切，我们都可以在1秒以内还原到数字三维世界里面。"

数字平行世界的核心就是将现实世界的路况完全复制到云上，让管理运营人员仿佛拥有了"上帝视角"，使道路管理更加直观。

用蜀道集团成宜高速总经理杨大伟的话来说，这是在全息感知体系中实现了车道级的感知、定位新精度，在此基础上构建了数字世界里的新时空。在其支撑下，利用人工智能、大数据技术快速对各类信息进行分析处理和决策，实现新畅行。

高速公路常见的拥堵场景是某处发生交通事故，后方车辆无法得知这一情况，躲避不及时，又引发二次事故。随之而来的连锁反应，让道路通行效率大大下降。在成宜高速上，任何一个节点出现拥堵、事故或路面异常，都能及时传递给后方车辆。

比如，高速路上前方一辆汽车突然失控，此时对后车来说，哪怕只有1秒的时差，都可能造成完全不同的后果。

面对这些难题，成宜高速与高德地图合作，为车辆提供厘米级定位、毫秒级反应的服务，把道路上的信息直接推送至手机App或车载终端，触达行驶中的车辆，为驾驶人员提供伴随式的信息服务，使他们有更多的时间进行预判并避让，从而提升路网的运行效率和安全指数。

成宜高速针对交通事故提出过一个目标——"10秒感知、10分钟触达"。自动发现交通事故，通过算法辅助人工确认，10秒之内就能够完成接警，10分钟内帮助处置人员第一时间到达现场，争取黄金救援时间。

## 聪明的车，智慧的路

1925年，一辆遥控汽车在纽约展览，让人们看到了几乎带有科幻色彩的无人驾驶汽车。自此之后，人类对自动驾驶的想象从没有停止。2004年，好莱坞电影《我，机器人》上映，剧中主演威尔·史密斯饰演的戴尔·史普纳的座驾，就是能够自动驾驶的汽车。

如今，汽车的自动驾驶技术已经在某种程度上成为现实。汽车厂商都给车辆装上许许多多的传感器，让汽车能够感知周围环境；又装上处理器，让汽车拥有电脑一样的计算能力，赋予汽车或高或低的自动驾驶能力。这些能力也被称作"单车智能"。

然而时至今日，汽车厂商无法解决的问题还有很多。举例来说，自动驾驶汽车传感器套件探测距离最远约为300米，但在视野开阔的情况下，人眼可以轻松看到500米以外的路况。这意味着在高速公路场景下，自动驾驶汽车的感知能力存在瓶颈。

诸多掣肘令业界不得不思考，自动驾驶的未来，只能完全依靠汽车的智能技术突破吗？

杨大伟并不这么认为："我相信智能交通未来的重要发展方向，一定是车路协同加单车智能。"在杨大伟看来，仅仅只有单车智能还不够。"我们需要把整个路段的全要素、超视距信息，以伴随的方式提供给公众出行者，这就一定需要车和路的有效协同。"

所谓车路协同，用学术一点的话来说，就是采用先进的无线通信和新一代互联网等技术，全方位实施车车、车路动态实时信息交互，并在全时空动态交通信息采集与融合的基础上，开展车辆主动安全控制和道路协同管理，充分实现人、车、路的有效协同，保证交通安全，提高通行效率，从而形成安全、高效和环保的道路交通系统。

刘勇介绍，车路协同的含义分为狭义和广义两种，狭义的车路协同就是 V2X（vehicle to everything），即车与外界的信息交互，一般是指车与车、车与人、车与基站的信息交互。通过智能汽车与外界进行信息交互，获取更远距离的实时路况和道路信息，提高行车安全和交通运行效率。

这个过程是以车为中心的单点式信息交互，车辆并不能完全实时获知道路上正在发生的事。

但如果能让车与整条路进行信息交互，会是怎样的场景？

这就是阿里云正在成宜高速上实现的"泛在车路协同"。通过架设在路侧的感知设备如摄像机、雷达、天气传感器、高精定位设备等，建立起路侧全要素智能感知能力，借助数字孪生技术和云计算进行分析决策，再通过路侧通信单元实现车和路的协同。

通过这种车路协同的方式，可以减少传感器在车上的应用，相当于把车上的传感器移到路侧，通过车辆和路侧的信息交互，直接获取感知结果。如此一来，基于车路协同的自动驾驶就成为可能了。

实际上，这已经在成宜高速上变为了现实。成宜高速试点选取 15 公里路段，配套建设了自动驾驶基础设施，已经达到支持 L4 级的自动驾驶标准。

在"泛在车路协同"理念下，通过将 C-V2X（基于蜂窝网络的车用无线通信技术）技术整合进 ETC（电子不停车收费系统），就能让全国上亿台普通 ETC 车辆也具备网联车的功能。

从这个角度来看，车路协同智能给社会和消费者带来的普惠价值，远大于单车智能。

这也是阿里云所倡导的车路协同技术带给行业的新思考和新趋势：在研究未来的美好出行时，完全可以跳出车的局限，将目光投向路端，让聪明的车、智慧的路携手并进，让老百姓不分贫富都能体验到高品质的智慧服务。这是智慧交通建设和发展的核心驱动力。

## 从交通大国到交通强国

1995 年，四川省第一条高速公路——成渝高速通车，实现四川高速公路零的突破。到 2020 年年底，仅仅 25 年，四川高速公路建设里程已突破 8000 公里，路网延伸至全国各地。曾经的"畏途巉岩不可攀"，经历了"蜀道越古今，交通连天下"的蜕变。

与四川高速公路里程的迅猛增长相伴随的，是全国高速公路里程的突飞猛进。2010 年年底，全国高速公路里程为 7.41 万公里，2020 年年底已突破 16 万公里，居世界第一位，10 年增长了 1.2 倍。

从数据上看，中国已经迈入了交通大国的阵营，交通线越来越长，交通网越来越密。下一步，则是要从量的积累转为质的突破，从交通大国变为交通强国。

实际上，交通的本质就是要让出行和货物运输更加安全、便利和高效。人们对美好出行的向往，就是智慧高速的建设目标。

"泛在车路协同"的智慧高速，通过云计算、人工智能等技术手段，将让智能汽车、普通汽车都拥有千里眼和顺风耳，让每一辆车都能时刻感受到智慧的路的保驾护航。

在成宜高速建设过程中，运营方通过系统分析提出了具体的目标：交通事故数量下降 60%，全年有一半的天数零事故，全路段通行效率提升 30%，道路养护成本节省 50%，雾天的全天候预约通行天数占比达99%……

现在再回看阿登纳的那句"以后的公路就是这样的"，你也许会感慨，他低估了公路的进化能力。